PODRES de MIMADOS

As consequências do sentimentalismo tóxico

Copyright © 2011 by Gibson Square
Copyright da edição brasileira © 2015 É Realizações
Título original: *Spoilt Rotten. The Toxic Cult of Sentimentality*

Editor:
Edson Manoel de Oliveira Filho

Produção editorial, capa e projeto gráfico:
É Realizações Editora

Preparação de texto:
Babilonia Cultura Editorial

Revisão:
Renata Gonçalves

Reservados todos os direitos desta obra. Proibida toda e qualquer reprodução desta edição por qualquer meio ou forma, seja ela eletrônica ou mecânica, fotocópia, gravação ou qualquer outro meio de reprodução, sem permissão expressa do editor.

Cip-Brasil. Catalogação na Publicação
Sindicato Nacional dos Editores de Livros, RJ

D138p

    Dalrymple, Theodore, 1949-
    Podres de mimados : as consequências do sentimentalismo tóxico / Theodore Dalrymple ; tradução Pedro Sette-Câmara. - 1. ed. - São Paulo : É Realizações, 2015.
    208 p. ; 23 cm. (Abertura cultural)

    Tradução de: Spoilt rotten. the toxic cult of sentimentality
    Inclui índice
    ISBN 978-85-8033-189-9

    1. Criminologia. 2. Crime - Aspectos sociais. 3. Conduta criminosa. 4. Punição - Filosofia. 5. Racismo. I. Título. II. Série.

14-18920   CDD: 364
                                                CDU: 343.9

É Realizações Editora, Livraria e Distribuidora Eireli
Rua França Pinto, 498 · São Paulo SP · 04016-002
Telefone: (5511) 5572 5363
atendimento@erealizacoes.com.br · www.erealizacoes.com.br

Este livro foi reimpresso pela Mundial Gráfica, em fevereiro de 2023. Os tipos são da família Joanna MT. O papel do miolo é o Lux Cream 70g., e o da capa, cartão Ningbo CS1 250g.

Theodore Dalrymple

PODRES de MIMADOS

As consequências do sentimentalismo tóxico

PREFÁCIO DE
LUIZ FELIPE PONDÉ

TRADUÇÃO DE
PEDRO SETTE-CÂMARA

13ª impressão

É Realizações
Editora

Sumário

Prefácio à Edição Brasileira:
Theodore Dalrymple, um Crítico Cultural Urgente
    Luiz Felipe Pondé 7
Introdução 17

1. O Sentimentalismo 53
2. O Que É o Sentimentalismo? 75
3. A Declaração de Impacto Familiar 91
4. A Exigência de Emoção Pública 107
5. O Culto da Vítima 131
6. O Lugar da Pobreza É no Passado! 177
Conclusão 197

Índice 201

Theodore Dalrymple, um Crítico Cultural Urgente

Luiz Felipe Pondé

> "Nenhuma criança que esteja aprendendo a escrever jamais deveria ouvir que alguma letra está mal feita... Toda criança ou homem burro é produto do desencorajamento... Dê curso livre à Natureza, e não haverá ninguém burro."

A É Realizações, mais uma vez, cumpre um papel inigualável entre as casas editoriais do Brasil – o de oferecer traduções cuidadosas de importantes obras inexistentes no país, e de enorme urgência. Esta urgência é fruto do fato de que muitos críticos sociais, culturais e políticos do mundo contemporâneo que não pertencem à tradição marxista simplesmente não são acolhidos pela maior parte das editoras brasileiras, por razões evidentemente ideológicas. Com isso, o leitor brasileiro permanece quase sempre alheio a um repertório essencial para pensarmos nossa época.

Theodore Dalrymple é o nome que o psiquiatra inglês Anthony Daniels usa em sua atividade de crítica cultural contemporânea. No Brasil, ele ficou conhecido quando deu uma entrevista para as páginas amarelas da Revista VEJA logo após as manifestações de Londres em 2011. Na época, chamavam-no de "profeta", porque teria "previsto" as manifestações.

Contudo, quando se conhece a obra de Dalrymple, percebe-se que seu suposto caráter profético nada mais é do que honestidade intelectual associada a uma sofisticada capacidade de análise do comportamento humano. E mais: tendo vivido toda a sua vida profissional em hospitais de regiões pobres da Inglaterra, entre presos, drogadictos e gente que vive há décadas graças ao Estado de bem-estar social britânico – portanto, sem trabalhar –, Dalrymple conhece como ninguém o mundo das "vítimas sociais", conceito que, aliás, ocupa um capítulo inteiro desta obra crítica que o leitor tem em mãos.

A razão, portanto, de ter "previsto" as manifestações dos "sem-iPhones" em Londres foi simplesmente essa honestidade intelectual aplicada a uma larga e empiricamente fundamentada experiência de análise do comportamento dessas falsas "vítimas sociais".

O livro *Podres de Mimados: As Consequências do Sentimentalismo Tóxico* ocupa um lugar específico dentro da sua obra. Lançado em 2011 pela editora Gibson Square, de Londres, este livro faz parte das obras em que Dalrymple se dedica a um tema específico. Neste caso, os efeitos colaterais indesejados da herança romântica no comportamento contemporâneo no Reino Unido. No entanto, para qualquer leitor atento, fica claro que sua análise transcende o universo britânico e toca a totalidade do mundo em que vivemos.

Vejamos primeiro o que vem a ser o romantismo, para depois entendermos o lugar que os "mimados" (*spoilt rotten*), produto do sentimentalismo tóxico, ocupam nesta importante herança cultural moderna.

O romantismo é um movimento europeu que nasce no final do século XVIII e segue até finais do XIX com grande impacto na literatura, na filosofia, na política e na psicologia. Muitos especialistas usam a expressão "constante romântica" para se referir à presença dos "sintomas" românticos até hoje. O romantismo seria uma "constante" porque até hoje as causas históricas de seu surgimento permanecem ativas e, talvez, ainda mais ativas do que na sua origem.

Mas é importante dizer que o romantismo em si não é o "culto tóxico do sentimentalismo", como o descreve Dalrymple; é um movimento cultural de enorme riqueza, que produziu grande parte do pensamento moderno, mas que, infelizmente, também deu lugar aos "mimados" dos quais fala Dalrymple. Estes "mimados" são, na realidade, o produto "podre" do romantismo.

Johann Wolfgang von Goethe, um dos maiores escritores alemães dos séculos XVIII e XIX, sintetizou o romantismo da seguinte forma: "O romantismo é a doença". O próprio Goethe, autor de *Os Sofrimentos do Jovem Werther* (1774), foi um dos românticos da primeira geração na Alemanha (claro, a Alemanha como unidade política ainda não existia nessa época, mas como "Cultura" sim). Neste romance, um amor impossível leva o jovem Werther ao suicídio. Segundo a "lenda", muitos se mataram com este livro nas mãos. Portanto, qual seria esta doença chamada romantismo? Por que tantos se referiram, e se referem, ao romantismo como sintoma, mal-estar, sofrimento, desespero, melancolia, agonia?

Os termos usados já indicam a causa: o romantismo é o grande mal-estar com a modernização, desde seu início. Friedrich Schiller, escritor também alemão, contemporâneo de Goethe, já descrevia em pleno século XVIII o sentimento de fragmentação que o homem europeu sentia por causa da sociedade da revolução racionalista (Iluminismo), da indústria e do capitalismo. O sentimento de ser "coisa", mais tarde denominado *reificação* pelos filósofos de Frankfurt, Adorno e Horkheimer, é esta doença.

Esse mal-estar romântico desdobrou-se em culto da noite, do amor impossível (inspirado nos contos de amor cortês medievais), do passado, da natureza, da vida simples, dos sentimentos e intuições, do mistério da alma e do cosmos, do caos (nos termos de August Wilhelm Schlegel, outro autor alemão da mesma época), enfim, de tudo que os românticos entendiam como oposto ao "terror" das luzes, do dinheiro, da produção em série, da vida utilitária.

Há que se perguntar se o romantismo foi apenas alemão. De certa forma, como diz Rüdiger Safranski, filósofo alemão vivo, o romantismo foi um "caso alemão". Isaiah Berlin, filósofo britânico de origem judaica, do século XX, também via o romantismo como tendo suas raízes nos estados alemães do século XVIII, porque eles entraram na modernização mais tarde que a Inglaterra e a França, e de modo mais abrupto, saindo de uma condição ainda feudal e pobre, devido à guerra de 30 anos entre católicos e protestantes que devastou a Alemanha no século XVII. Provincianos e marcados por uma espiritualidade luterana pietista, pessimista com a natureza humana e com a civilização, os intelectuais alemães, mais pobres do que seus colegas britânicos e franceses, sofreriam de modo agudo (como Johann Georg Hamann e Johann Gottfried Herder, ambos do século XVIII e românticos) com os supostos "ganhos" da racionalização da vida.

No entanto, britânicos como Percy Shelley, John Keats, Lord Byron, William Blake, Samuel Taylor Coleridge, todos da mesma época, apresentaram os mesmos sintomas. Na França, Jules Michelet, François-René de Chateaubriand e Victor Hugo trarão as mesmas marcas da dúvida romântica para com o iluminismo e a vida capitalista.

Portanto, o romantismo trouxe a grande dúvida que permeia o mundo moderno com relação aos ganhos da razão, da ciência, da técnica, da burguesia mercantil e do culto ao futuro pragmático.

Todavia, foi no plano político que o romantismo se tornou o pai das utopias anticapitalistas por excelência, cuja raiz foi o filósofo franco-suíço Jean Jacques Rousseau no século XVIII. Dele veio o culto de um estado de natureza que seria perfeito caso abandonássemos a vida nas cidades burguesas em favor de uma vida mais próxima da pureza do homem do campo, pobre e sem acúmulo de riquezas materiais desnecessárias e fruto do egoísmo burguês. Assim, Rousseau, visto como um protorromântico clássico, seria a origem do emocionalismo político que vê os sofrimentos do homem moderno como fruto da crueldade do racionalismo burguês. Em obras como *Emílio*, sobre uma educação "emocional" pela natureza não corrompida da criança, bem como em *Do Contrato Social* e *Discurso sobre a Origem da Desigualdade entre os Homens*, ambos textos políticos e inspiração dos jacobinos, Rousseau teria estabelecido as bases da ideia de "vítima social" do capitalismo e das exigências de uma vida "produtiva".

Daí chegamos aos "mimados" de Dalrymple. O psiquiatra inglês vê esse romantismo como tendo se deteriorado em sintomas muito distantes do trabalho intelectual sofisticado dos autores originais. O culto tóxico do sentimentalismo acabou por se articular institucionalmente – nos governos, na mídia e nas universidades –, tornando-se não um esforço para refletir sobre as angústias modernas, mas uma desculpa permanente de sociedades ricas, a princípio, para o fracasso (afinal, a vida sempre foi "doente de dor") e para a irresponsabilidade contra as dores do amadurecimento e da vida real. A "política das vítimas" acabou por se constituir numa desculpa para a incapacidade de enfrentar a vida adulta. Por isso, Dalrymple trata nesta obra, por exemplo, das exigências de emoções públicas como prova de "pureza moral" (sempre falsa) e da pobreza material como atestado de sinceridade; enfim, do sentimentalismo como forma de negação da vida cotidiana, cheia de incertezas, contingências e derrotas.

Como sempre, Dalrymple permanece um médico atento às patologias humanas, preocupado com um diagnóstico preciso a fim de "prever" as possíveis consequências do quadro clínico diante de nossos olhos. Este livro é um desses diagnósticos.

"Só uma pessoa com coração de pedra conseguiria ler a morte da Pequena Nell sem cair na gargalhada."
Oscar Wilde

"Vou gritar e gritar e gritar até ficar doente — olha que eu bem faço isso mesmo."
Violet Elizabeth, em Just William, de Richmal Crompton

PODRES de MIMADOS

Introdução

Crianças

Um relatório recente do Fundo das Nações Unidas para a Infância (Unicef) afirmou que a Grã-Bretanha era o pior país para ser criança entre 21 países desenvolvidos. Normalmente, não dou grande importância a rankings desse tipo, que costumam basear-se em muitas premissas falsas, suposições, etc., e que são feitos para produzir resultados que vão confirmar exatamente os preconceitos dos autores (ou os preconceitos de quem está pagando os autores). É raro que esses relatórios não sugiram que a solução para os problemas discutidos esteja em mais intervenção estatal na vida das pessoas.

Porém, *grosso modo*, o relatório da Unicef está correto. Se há um país no mundo desenvolvido em que a infância seja mais deplorável do que na Grã-Bretanha, desconheço. Ela é deplorável não apenas para aqueles que a vivenciam, mas também para aqueles que precisam viver com as crianças da Grã-Bretanha. A Grã-Bretanha é uma nação que tem medo de suas próprias crianças.

Vejo isso no ponto de ônibus da cidadezinha britânica em que passo parte do ano. Segundo os padrões atuais, as crianças nessa cidade não são más sob nenhum aspecto, mas basta sua presença em certa quantidade para que os idosos que estão no ponto fiquem tensos e formem grupos para se protegerem, assim como os *voortrekkers* da África do Sul costumavam fazer um círculo em seus vagões quando viajavam à noite por territórios potencialmente hostis. Se uma criança se porta mal – jogando lixo, cuspindo, falando palavrão alto, intimidando outra criança, puxando cabelos, ingerindo álcool –, os idosos reparam, mas não dizem nada. Hoje em dia, os pavios são curtos, as facas são longas, e as crianças rapidamente formam bandos para defender seu direito inalienável ao egoísmo absoluto.

Na Grã-Bretanha, a violência cometida por crianças e contra crianças aumentou muito rapidamente. Os setores de emergência dos hospitais informam que houve um aumento dramático desses casos, 50% em cinco anos, envolvendo dezenas de milhares de casos. Cada vez mais os professores sofrem ameaças dos alunos. No ano letivo de 2005/2006,[1] por exemplo, 87.610 crianças, isto é, 2,7% de todas as crianças no ensino secundário,[2] foram suspensas por algum tempo por causa de ataques verbais ou físicos a um professor (em Manchester, 5,3% dos alunos secundários foram suspensos por essa razão, e, infelizmente, pode-se constatar que as áreas metropolitanas costumam ser seguidas pelas outras áreas).

Uma pesquisa recente mostrou que um terço dos professores britânicos sofreu ataques físicos de crianças e que um décimo deles foi ferido por crianças. Quase dois terços sofreram abusos verbais e insultos de crianças. Metade deles já pensou em abandonar o magistério por causa do comportamento rebelde das crianças, e o mesmo número conhecia colegas que tinham feito isso.

Como se isso não bastasse, cinco oitavos desse número de professores enfrentaram agressões não só dos alunos, mas também dos pais. Quer dizer, os professores não podem confiar nos pais para lhes dar apoio ao tentar lidar com uma criança rebelde, agressiva ou violenta, mas exatamente

---

[1] Na Grã-Bretanha, assim como nos EUA e em outros países do Norte, o ano letivo começa em setembro e termina em maio ou junho do ano seguinte. (N. T.)

[2] O ensino secundário vai idealmente dos doze aos dezesseis ou dezoito anos, no sistema de escolas estatais. Uso o termo "escolas estatais" porque um particularismo da Inglaterra faz com que o termo *public school* signifique "escola privada", e não "pública" no sentido de estatal. (N. T.)

o contrário. (Isso corresponde exatamente ao que meus pacientes que são professores me contaram.)

Os complacentes sugerem que sempre foi assim, e num certo sentido eles têm razão. Não há comportamento humano que seja desprovido em absoluto de precedentes: o mundo é velho demais para que as pessoas inventem maneiras totalmente novas de agir. Para cada ato perverso, maligno ou brutal, há sempre um precedente histórico. Mesmo assim, há quem ainda se lembre de que, quando uma criança se portava mal na escola, e seus pais eram informados disso por um professor, a criança poderia esperar retribuição em casa e também medidas disciplinares na escola. Agora, num grande número de casos, ela pode não esperar nada. A questão não é se cada caso é sem precedente – claramente não é –, mas se o número de casos aumentou, e se existe alguma razão, excetuando-se uma diminuição no número de crianças, para que ele se reduza.

Não apenas os professores sofrem agressões e violências dos pais. Um artigo publicado em 2000 em *Archives of Diseases of Childhood* [Arquivos de Doenças da Infância] verificou que nove de cada dez estagiários de medicina pediátrica na Grã-Bretanha tinham testemunhado um incidente violento envolvendo uma criança, quase metade deles no último ano; quatro em dez tinham sido ameaçados por um progenitor; 5% tinham sido efetivamente atacados, e 10% foram objetos de tentativas de ataques.

É importante compreender que esses números já bastam para produzir uma atmosfera permanente de intimidação, e que essa atmosfera de intimidação permeia tudo. Uma única ocorrência tem um forte efeito de demonstração. Darei aqui dois exemplos, tirados de esferas ligeiramente distintas, de como o comportamento é alterado por essa atmosfera.

Certa vez, tive um paciente que dizia que há muito tempo não trabalhava por causa de uma lesão nas costas. Seu clínico geral lhe deu um atestado de invalidez e de dispensa do trabalho. Apesar de sua lesão nas costas, que supostamente o impediria de trabalhar, seus principais interesses eram judô e corrida, aos quais se dedicava religiosamente todos os dias. Observei que no hospital ele se levantava da cama e se deitava sem a menor dificuldade ou indício de dor nas costas. Tratava-se, em suma, de um rapaz excepcionalmente em forma, atlético.

Telefonei para seu clínico geral para informá-lo de minha descoberta, sugerindo que sua suposta lesão nas costas não poderia justificar um certificado de invalidez.

"Ah, eu sei disso", respondeu-me o clínico geral, como se eu fosse muito ingênuo por supor que um certificado devesse ter fundamento na verdade. "Mas, da última vez que me recusei a dar esse atestado para uma pessoa, ela pegou o computador na minha mesa e o jogou em mim, e logo estávamos nos atracando no chão. Desde aquele dia, dou atestado de invalidez para quem pedir."

Isso, sem dúvida, ajuda a explicar como, apesar de níveis cada vez maiores de saúde, mensurados objetivamente, a Grã-Bretanha tem hoje milhões de inválidos, mais do que depois da Primeira Guerra Mundial. Basta uma quantidade relativamente pequena de violência para produzir um grande efeito.

O segundo exemplo é o do casamento forçado entre moças de ascendência paquistanesa nascidas na Grã-Bretanha. Muitas delas foram levadas pelos pais ao Paquistão na adolescência para casar-se com um primo de primeiro grau da cidadezinha de onde os pais tinham emigrado. Não sou alheio às variedades do sofrimento humano, mas o sofrimento dessas moças, para as quais a perspectiva desse casamento era repulsiva e abominável, está entre os piores com que jamais me deparei.

Todas essas moças sabiam de casos em que alguém em sua situação tinha sido espancado até a morte por sua própria família por recusar-se absolutamente a levar o casamento adiante, e assim desonrar a família, que tinha dado sua palavra. A situação da filha mais velha era particularmente grave, porque os pais achavam que os demais membros da família seguiriam o caminho que ela seguisse.

Casos de assassinatos por honra, como são chamados, não precisam ser muitos para que seja dissolvida a distinção entre a aceitação voluntária e involuntária do casamento com um primo de primeiro grau determinado pelos pais de uma moça. A própria atmosfera que eles criam, mesmo que não sejam numerosos, dificultam a investigação objetiva de sua frequência e de seu efeito reais.[3]

Outra vez, basta uma pequena quantidade de violência para produzir um grande efeito.

Voltemos à questão da infância na Grã-Bretanha. Será que há alguma razão inteligível para que as crianças e seus pais, que, pelos padrões de todas as gerações anteriores, algumas nem tão distantes,[4] gozam de excelentes condições de saúde física e de acesso a fontes jamais concebidas de conhecimento e de entretenimento, estejam tão ansiosas, agressivas e violentas?

Há sim, e muitas delas têm sua origem no sentimentalismo, o culto do sentimento.

---

[3] A seguinte anedota da prisão onde trabalhei sugere que o efeito é considerável e importante. Um rapaz de origem paquistanesa que estava preso por um delito relativamente menor procurou-me por causa de um suposto problema no estômago. Logo percebi que seu problema era ansiedade ou, como veio a transparecer, medo. Havia não muito tempo, ele tinha servido de testemunha da acusação no "assassinato de honra" de uma moça cometido por seu pai e seu irmão. Os demais prisioneiros de origem paquistanesa – por alguma razão, cada vez mais numerosos – juntaram-se contra ele e ameaçaram atacá-lo por sua deslealdade para com seu grupo e para com o sistema de casamentos forçados, que é muitíssimo conveniente e agradável para aqueles rapazes. Aquilo não era uma manifestação da solidariedade normal dos prisioneiros, segundo a qual não há forma mais vil de vida do que um informante (excetuando os autores de crimes sexuais). Para os prisioneiros, o limite é o assassinato, pelo menos aquele que não é cometido na busca de outros fins criminosos como o roubo a banco, e, de bom grado, testemunham nesses casos. Meu paciente estava sendo perseguido especificamente por sua ameaça implícita ao sistema de casamentos forçados. Pedi que ele fosse transferido imediatamente para uma prisão distante onde não fosse conhecido. Sua dor abdominal passou no mesmo instante.

[4] A taxa de mortalidade infantil no East End de Londres, onde meu pai nasceu em 1909, era de 124 para cada mil nascidos. Isto é, um oitavo de todas as crianças nascidas com vida morriam antes do primeiro aniversário. Sua expectativa de vida ao nascer era de 49 anos. Os sobreviventes daquele arriscado primeiro ano tinham uma expectativa de vida de cerca de apenas 55 anos.

Os românticos enfatizavam a inocência e a bondade intrínseca das crianças, em contraste com a degradação moral dos adultos. Assim, o jeito de criar adultos melhores, e de assegurar que essa degradação não acontecesse, era encontrar o jeito certo de preservar sua inocência e sua bondade. Educar corretamente passou a ser impedir a educação.

Junto com sua inocência e com sua bondade estavam – ou lhes eram atribuídas – outras qualidades, como curiosidade inteligente, talento natural, imaginação vívida, desejo de aprender e capacidade de fazer descobertas por conta própria. Se a evidência de que as crianças não eram iguais sob todos os aspectos era forte demais para ser absolutamente negada, em seu lugar foi posta a ficção de que todas as crianças eram dotadas de ao menos um talento em especial,[5] e que, assim, eram iguais – e claro que todos os talentos seriam de igual importância.

A teoria educacional romântica, a que comprometidos pesquisadores subsequentemente deram a aura de ciência, está repleta de absurdos que seriam deliciosos momentos de riso caso não tivessem sido levados a sério e usados como base de uma política educacional que empobreceu milhões de vidas. O romantismo penetrou na medula mesma do sistema educacional, afetando até o modo como as crianças são alfabetizadas. Desprezando a rotina e a repetição e fingindo que em todas as circunstâncias elas eram contraproducentes ou até profundamente nocivas, além de muito odiadas pelas crianças, os teóricos educacionais românticos inventaram a ideia de que as crianças aprenderiam melhor a ler se descobrissem por si próprias como fazer isso. Assim, parte do pretexto de que o inglês não é uma língua fonética (ainda que também não seja completamente não fonética e, de fato, a maioria das palavras é grafada foneticamente), palavras e frases inteiras são apresentadas às crianças na esperança de que em algum momento elas deduzam os princípios da ortografia e da gramática. Isso é só ligeiramente mais sensato do que colocar uma criança debaixo de uma

---

[5] Isso não teria sido uma ficção ruim – a humanidade com frequência tem de viver *como se*, isto é, como se algo que não é verdade ou que, ao menos, é improvável fosse verdade – se tivesse levado à busca pelo talento e a seu incentivo. Claro que seu resultado não foi este.

macieira e esperar que ela chegue à teoria da gravidade. A maior parte das crianças precisa de uma pista, e mesmo aquelas poucas que não precisam poderiam usar seu tempo de maneira mais proveitosa em outras coisas. Aqui darei apenas uma seleção de algumas das coisas que foram ditas, e que aparentemente mereceram crédito e serviram de base para a ação.[6]

No exame de qualquer tendência intelectual ou social, ao contrário de alguns rios, é impossível chegar a uma origem única e incontroversa – como conseguimos fazer, por exemplo, ao analisar um rio, mas não é necessário fazê-lo. Tudo que é necessário é mostrar que a tendência existe e que tem seus antecedentes intelectuais.

Os teóricos da educação do século XIX e do começo do século XX lançaram as bases de escolas que, em grandes partes do país, tornaram-se pouco mais do que sofisticados serviços de babá e um meio para manter as crianças fora da rua, onde podem vir a agir como piranhas num rio da Amazônia. Nunca na história humana tão pouco foi dado a tantos a um custo tão alto. Na Grã-Bretanha, hoje se gasta quatro vezes mais *per capita* com educação do que em 1950; mas é bastante duvidoso que o padrão de letramento na população em geral tenha aumentado, e está longe de ser impossível que tenha diminuído.

Na área – pobre – onde eu trabalhava, descobri que a maioria dos meus pacientes que tinha recentemente completado seus onze anos de educação compulsória, ou, pelo menos, de comparecimento obrigatório à escola, não era capaz de ler um texto simples com facilidade. Eles tropeçavam em palavras mais compridas e, muitas vezes, eram completamente incapazes de decifrar palavras de três sílabas, apontando a palavra infratora e dizendo "essa eu não conheço", como se o inglês fosse escrito em ideogramas, e não com um alfabeto. Quando se lhes pedia que dissessem com suas próprias palavras o que significava a passagem que tinham concluído aos tropeções, eles diziam: "Não sei, só estava lendo". Quando se lhes perguntava se eram bons em aritmética, metade deles respondia:

---

[6] Aqui devo confessar minha dívida com o breve livro *Spoil the Child* [Mime a Criança], de Lucie Street, publicado em 1961 pela editora Phoenix House. O livro é curto, alarmante, esclarecedor e hilariante.

"O que é aritmética?". Quanto à sua própria capacidade aritmética, a melhor maneira de apreciá-la vem da resposta que uma pessoa de dezoito anos de idade me deu para a pergunta "Quanto dá três vezes quatro?".

"Não sei", disse, "não chegamos a estudar isso".

Devo observar que esses jovens não tinham menos inteligência e que, de todo modo, descobri que os filhos deficientes mentais de pais que eram profissionais de classe média, que tinham tomado o cuidado de lhes dar uma formação que explorasse o máximo de sua capacidade, muitas vezes tinham mais capacidade de leitura e de interpretação do que aqueles jovens da mesma idade, muito mais inteligentes, vindos da classe operária ou suboperária.

Esse analfabetismo prático dos jovens também não era compensado por nenhum grande desenvolvimento da memória, como se costuma encontrar nos povos ágrafos. Seu nível geral de informação era lamentável. Em quinze anos, conheci apenas três jovens, entre meus pacientes, que tinham recentemente concluído seus estudos no sistema estatal britânico e conheciam as datas da Segunda Guerra Mundial. Considerei um triunfo da inteligência natural, levando em conta as circunstâncias, que um deles tenha deduzido do fato de que houve uma Segunda Guerra que também tinha havido uma Primeira, ainda que ele nada soubesse a seu respeito. Não é preciso dizer que eles também não sabiam a data de nada mais na história.

É verdade que meus pacientes foram uma amostra selecionada e que talvez não representassem a população como um todo; porém, minha amostra não era pequena, e é preciso lembrar que já foi provado além da dúvida razoável que, usando os métodos de ensino corretos, é possível ensinar quase 100% das crianças que vêm dos lares mais pobres e terríveis a ler e a escrever fluentemente. Isso acontece, aliás, até quando o inglês não é o idioma usado em casa.

Um sinal das deformações intelectuais produzidas pelo sentimentalismo está em que, quando contei minhas experiências a intelectuais de classe média, eles imaginaram que eu estava criticando ou menosprezando meus pacientes, e não chamando atenção, com uma fúria que exigiu todo o meu autocontrole para não ficar absurdamente evidente, para a chocante injustiça perpetrada contra aquelas crianças por um sistema educacional que não tinha sequer a vantagem (ou desculpa) de ser barato. De fato, eles, em grande parte, recusavam-se a aceitar a verdade ou a validade geral de minhas observações, valendo-se de diversos subterfúgios mentais para minimizar sua importância.

Eles diziam que o que eu estava falando não era verdade – apesar de todas as pesquisas estatísticas, assim como tudo que se ouvia dizer, sugerirem que minhas descobertas estavam longe de ser fora do comum ou peculiares a mim. Então eles respondiam que, ainda que aquilo talvez fosse verdade, sempre tinha sido assim, sem perceber que, fosse isso verdade, não justificaria o atual estado de coisas. Apenas o vasto aumento nos gastos deveria ter garantido que aquilo que outrora acontecia tinha deixado de acontecer; que as razões que as épocas anteriores tinham para não transmitir as letras às crianças não podiam mais ser usadas por nós para não as transmitir; e que, em todo caso, havia indícios de que simplesmente não era verdade que as coisas tivessem sempre sido assim.

Na França, por exemplo, testes vêm demonstrando, de modo tão conclusivo quanto essas coisas permitem, que o nível de compreensão de textos escritos simples, assim como a capacidade das crianças de hoje de escrever corretamente a língua francesa, decaiu em comparação com a das crianças educadas na década de 1920, isso considerando diversos fatores, como classe social.[7] Talvez isso não seja de todo surpreendente: quando o correspondente de educação do *Figaro* escreveu um artigo chamando atenção para a decadência dos padrões, ele recebeu seiscentas cartas de professores, um terço das quais continha erros de ortografia.

---

[7] Se houve uma ascensão geral da população para a classe média, isso explica como pode ter havido a ascensão e a queda dos padrões educacionais gerais ao mesmo tempo, tendo o efeito da ascensão social superado o da deterioração educacional. Isso também ajuda a explicar por que a taxa de mobilidade social pode perfeitamente ter caído, sendo as classes médias mais capazes de proteger seus filhos dos efeitos de ideias educacionais ridículas, transformando assim uma sociedade de classes numa sociedade de castas.

E é óbvio que entre as razões para a queda dos padrões na França estão as mesmas ideias educacionais românticas de segunda categoria dominantes na Grã-Bretanha há muito mais tempo.

A relutância daqueles que possuem inclinações românticas em reconhecer que havia algo profundamente errado com um sistema educacional que deixava uma grande proporção do povo incapaz de ler direito ou de fazer contas simples (apesar do dispêndio de vastas quantias e da inteligência mais do que adequada daquele povo para dominar essas capacidades) provavelmente deriva de sua falta de vontade de abandonar sua mentalidade pós-religiosa, a ideia de que, não fosse pelas deformações da sociedade, o homem é bom e as crianças nascem em estado de graça.

Algumas das coisas escritas por teóricos educacionais românticos são tão caricatas que uma completa ausência de senso de humor é necessária para não rir delas, assim como uma ignorância quase proposital de como são as crianças, ou, ao menos, a maioria das crianças, para acreditar nelas. Talvez minha favorita venha de *English Education and Dr. Montessori* [A Educação Inglesa e a Dra. Montessori], de Cecil Grant, publicado em 1913:

> Nenhuma criança que esteja aprendendo a escrever jamais deveria ouvir que alguma letra está mal-feita... Toda criança ou homem burro é produto do desencorajamento... Dê curso livre à Natureza, e não haverá ninguém burro.

Claro está que o Sr. Grant foi muito desencorajado em sua juventude, mas nada perto do necessário, temo.

Infindas vezes os românticos enfatizam as glórias da espontaneidade. Experiências e atividades sem direcionamento são os meios pelos quais as crianças aprendem mais e melhor, e sua inclinação para aprender será suficiente. Pestalozzi, seguidor de Rousseau, disse: "As capacidades humanas desenvolvem-se a si mesmas". John Dewey, filósofo e educador americano, parecendo Harold Skimple fazendo generalizações a partir de seu próprio estado de espírito, escreveu, durante a Primeira Guerra Mundial: "Não force a criança a nada... deixe-a mover-se livremente... deixe-a passar de um objeto interessante a outro... devemos esperar pelo desejo da criança, pela consciência da necessidade."⁸ "O meio natural de estudo na juventude é a brincadeira", escreveu Henry Caldwell Cook, educador britânico de logo depois da Primeira Guerra. "O cerne da minha fé é que o único trabalho que vale a pena fazer é brincar; por brincar, quero dizer fazer qualquer coisa com o coração."

Seria preciso muito tempo para desemaranhar todos os pressupostos claramente falsos e seus nocivos corolários (alguns muito desagradáveis mesmo) dessas tolices sentimentais. Porém, mais famoso e influente do que Cook foi Friedrich Froebel, que, entre outros, escreveu:

> Devemos pressupor que o ser humano ainda jovem, ainda que até aquele momento de modo inconsciente, como um produto da natureza, quer de modo preciso e seguro aquilo que é melhor para si, e, além disso, de forma assaz adequada para si, forma essa que ele tem em si a disposição, a capacidade e os meios de conceber.

Froebel, que (sejamos justos com ele) viveu antes que houvesse tomadas elétricas em que os bebês, ao engatinhar, colocassem seus dedos, depois observa que o filhote do pato entra na água sozinho, assim como o frango começa a ciscar o chão. Ele nos insta a olhar de um modo novo para as ervas nos campos, para apreciar o fato de que, crescendo onde querem, mesmo assim exibem grande beleza e simetria, "harmonizando-se em todas as partes e expressões". Em outras palavras, há lições naquelas florezinhas ali.

Muita gente sem dúvida há de ficar impressionada por isso ter sido publicado, e ainda mais por ter se tornado influente. Mas permitam-me citar a introdução a um livro de ensaios intitulado *Friedrich Froebel and English Education* [Friedrich Froebel e a Educação Inglesa], publicado não por uma dessas editoras especializadas que lançam livros de excêntricos, mas pela London University Press, em 1952. O autor é Evelyn Lawrence.

---

⁸ Nas palavras de Skimpole: "Só peço para ser livre. As borboletas são livres. A humanidade certamente não há de negar a Harold Skimpole aquilo que concede às borboletas!".

A batalha teórica... ainda hoje acontece, mas sobretudo não entre os líderes. A maioria deles já foi conquistada há muito tempo, pelo menos no campo da escola primária, e podemos dizer com segurança que Froebel e seus seguidores desempenharam um papel fundamental nas melhorias que se deram.

O que isso significava, essencialmente, era que, à época, os educadores (aqueles que ensinavam os professores a ensinar), mas não os próprios professores, já tinham sido conquistados. Ainda por algum tempo os professores resistiram. Hoje, parece incrível, mas até 1957 o presidente do Sindicato Nacional de Professores militava para que a leitura, a redação e a aritmética fossem ensinadas da maneira tradicional.

Os românticos também nutriam aquilo que pode ser chamado de teoria Wackford Squeers da educação, isto é, que a educação deveria ser relevante para as vidas e para as necessidades práticas dos alunos.[9] Essas ideias foram consagradas pelo pensamento oficial muito mais cedo do que se imagina, e não eram apenas os vapores de inocentes, excêntricos e descontentes. O relatório Spens oficial sobre a educação secundária na Inglaterra e no País de Gales, publicado em 1937, afirmava que "o conteúdo [do currículo] deve partir da experiência em expansão dos alunos e desenvolver-se com ela". Em outras palavras, a *relevância* tornou-se o critério daquilo que seria ensinado. Aparentemente, não ocorreu ao comitê Spens, e a muitos educadores desde então, que um dos propósitos da educação é expandir os horizontes da criança, e não encerrá-la na pequenina casca de noz em que o destino por acaso a enclausurou.

---

[9] C-l-e-a-n, *clean* [limpar], verbo ativo, tornar brilhoso, lustrar. W-i-n, win, d-e-r, *der*, *winder*, dobrador, dobradiça de janela. Quando um garoto aprende isso direto do livro, ele consegue fixar e repetir. Por isso a menção ao Sr. Squeers em *Nicholas Nickleby*. [Wackford Squeers, personagem do romance de Charles Dickens, é um cruel diretor de escola. (N. T.)]

O relatório Spens, feito pelo governo conservador daquele momento, demonstra com que rapidez as ideias dos educadores românticos se tornaram uma espécie de ortodoxia oficial que inicialmente provocava resistência naqueles que não tinham sido criados nela, mas que acabou incontesto. Em 1931, o mesmo comitê tinha feito um relatório sobre a educação primária, e no relatório de 1937 mencionou sua própria recomendação:

> O currículo da Escola Primária deve ser ensinado em termos de atividade e de experiência e não de conhecimento a ser adquirido e de fatos a serem guardados.

O comitê dava, então, um passo adiante:

> O princípio que mencionamos não é menos aplicável nos estágios mais avançados do que nos estágios iniciais.

Isso deixa aberta a questão da idade ou do estágio da existência humana numa economia avançada em que a aquisição de conhecimento e de fatos (entre os quais estão incluídos saber ler e saber somar) tornam-se importantes e ganham precedência em relação a brincar na caixa de areia. Como essa filosofia educacional tornou-se prevalente, senão deveras universal, mal chega a admirar que as universidades reclamem de precisar dar aulas de reforço de matemática, que muitos médicos recém-qualificados achem que a palavra *lager*[10] (muito importante, considerando quantos de seus pacientes os procuram como resultado, direto ou indireto, do consumo excessivo dela) é grafada *larger*, ou que alguns professores de história em Oxford tenham recebido ordens oficiais para não tirar pontos de trabalhos por causa de erros de ortografia ou de gramática (talvez porque, caso o façam, pouquíssimos alunos venham a obter um diploma).

O relatório Spens é uma rica fonte de sentimentalismo. "Pensamos", concluíam os membros, "demais na educação em termos de conhecimento e muito pouco em termos de sentimento e de gosto". A ideia de que o sentimento e o gosto não podem ser educados sem conhecimento e

---

[10] Um tipo de cerveja muito comum na Grã-Bretanha. (N. T.)

orientação é completamente alheia ao mais influente relatório da educação inglesa no século XX.

Em outros trechos, o relatório diz coisas que contêm um elemento de verdade, mas que facilmente ganham excessiva ênfase nas mãos dos sentimentalistas românticos. Ao observar que nem tudo pode ser ensinado por preceitos, o relatório diz:

> Um garoto pode redigir melhor se tiver descoberto os princípios da redação por conta própria do que se tiver meramente aprendido esses princípios com um professor ou com um livro.

Claro que é verdade que ninguém esperaria que uma criança que recebesse uma lista com os preceitos da redação[11] escreveria bem apenas por tê-los memorizado e tentado por conta própria colocá-los em prática, de modo que sua obra de estreia em prosa fosse de primeira linha. Não é assim que se aprende uma habilidade complexa como a escrita: os extremistas, porém, dão a essas palavras o sentido de que toda criança deveria descobrir tudo por conta própria, dos princípios da redação às leis do movimento de Newton e à teoria de que certas doenças são causadas por germes. Novamente, o relatório Spens está *parcialmente* correto ao dizer que "grande parte dos elementos finais de uma educação liberal são, via de regra, adquiridos de maneira incidental e inconsciente", mas isso de modo algum retira das escolas a responsabilidade de ensinar habilidades e transmitir conhecimento às crianças, de modo que a "maneira incidental e inconsciente" possa operar em algo que não seja um vácuo. Todo bom professor sempre soube que educar era mais do que enfiar um certo número de fatos indesejados na cabeça de uma criança; mas todo bom professor também sabe que há coisas que toda criança deve aprender, e algumas delas uma criança jamais descobriria sozinha, seja por incapacidade ou por falta de inclinação.

---

[11] O sentimentalista e romântico verdadeiramente linha-dura negaria até que existem preceitos a apresentar.

Vale a pena citar mais longamente o relatório Spens para mostrar o quanto o sentimentalismo romântico tomou conta da mente oficial muito mais cedo do que eu mesmo, aliás, anteriormente supunha:

> Queremos reafirmar uma visão expressada em nosso Relatório sobre *A Escola Primária (1931), em que instamos a que o currículo "seja ensinado em termos de atividade e de experiência e não de conhecimento a ser adquirido e de fatos a serem guardados".* O aprendizado em sentido mais estrito deve sem dúvida ocupar um espaço maior na escola secundária do que na primária, mas o princípio que citamos não é menos aplicável no estágio mais avançado do que é no estágio inicial. Referir-se aos estudos da escola secundária como "matérias" é correr um certo risco de pensar neles como corpos de fatos a serem guardados, e não como modos de atividade a serem experimentados;[12] e se o primeiro aspecto não deve ser ignorado nem minimizado, deve, em nossa opinião, ser subordinado ao segundo. Essa observação se aplica da maneira mais clara a "matérias" como a arte e a música, a que damos grande importância, mas que de modo geral foram relegadas a um lugar inferior no programa escolar; porém, em nossa visão, isso vale também para atividades mais puramente intelectuais, como o estudo de ciências ou da matemática. Um efeito infeliz do sistema atual de exames públicos é que ele enfatiza, talvez de modo inevitável, aquele aspecto dos estudos escolares que julgamos o menos importante.

E mais:

> [...] os horários estão lotados e congestionados, deixando muito pouco tempo para considerar e discutir as amplas implicações de um assunto, com a consequente limitação da capacidade de pensar.

---

[12] Em 1954, o *Boletim das Escolas Primárias* do Ministério da Educação dizia: "O currículo deve ser ensinado em termos de atividade e de experiência, e não de conhecimento a ser adquirido e de fatos a serem guardados".

Anos depois, é comum que se pense que ter uma opinião sobre um assunto, algo que é ativo, é mais importante do que ter qualquer informação sobre aquele assunto, que é passivo; e que a veemência (sentimento) com que se sustenta uma opinião é mais importante do que os fatos (conhecimento) em que ela se baseia. Claro que os fatos não são tudo, apesar do Sr. Gradgrind.[13] É comum que as pessoas mais bem informadas sobre um assunto possam ignorar totalmente seu cerne, ao passo que pessoas menos informadas o apreendam imediatamente. Contudo, o desenvolvimento do senso de proporções que possibilita esse feito demanda uma mente bem fornida de conhecimento de mundo, tanto implícito quanto explícito. Uma mente vazia de todos os fatos não está exatamente capacitada para enxergar qualquer questão em perspectiva.

Até as grandes mentes às vezes sucumbiram à tentação do sentimentalismo a respeito das crianças: há passagens em *Some Thoughts Concerning Education* [Algumas Ideias sobre a Educação], obra publicada por John Locke em 1690, que confortariam os sentimentalistas:

> [...] elas [as crianças] devem raramente ser obrigadas a fazer até as coisas que têm inclinação para fazer, exceto quando têm vontade e disposição de fazê-las. Aquele que ama a leitura, a escrita, a música, etc., também encontra em si momentos em que essas coisas não trazem qualquer deleite; e se nessas horas ele se força a praticá-las, apenas se incomoda e se desgasta sem qualquer propósito. O mesmo se dá com as crianças. Essa mudança de temperamento deve ser observada nelas com cuidado, e as épocas favoráveis de aptidão e de inclinação cuidadosamente aproveitadas: e se elas não se aplicam com frequência suficiente, deve-se inculcar nelas uma boa disposição por meio da conversa, antes que elas iniciem qualquer projeto.

Quanto aos grandes poetas, ainda que não sejam grandes pensadores, também eles penderam para o romantismo e para o sentimentalismo:

---

[13] "O que eu quero são fatos... Só os fatos são importantes na vida." [O Sr. Gradgrind é diretor de escola no romance *Tempos Difíceis*, de Charles Dickens. (N. T.)]

> A mente do Homem é moldada como o sopro
> e a harmonia da música. Há um oculto
> artesanato, invisível, que concilia
> elementos discordantes e os faz caminhar
> em sociedade.

Assim escrevia Wordsworth em The Prelude [O Prelúdio] em 1805. Não parece sobrar muito para a educação fazer.

Inicialmente houve alguma resistência ao ponto de vista romântico, como dá a entender uma inspetora de escola escrevendo em Manchester, em 1950:

> A professora fica dividida entre a opinião de fora... a dos pais e a dos que pagam impostos, que esperam que uma criança leia e trabalhe durante o horário escolar... e seu próprio conhecimento de que a criança aprende melhor brincando.[14]

Porém, no fim, os especialistas venceram, como de costume, ainda que fosse impossível que seu "conhecimento" de que a criança aprende melhor brincando tivesse vindo de qualquer experiência.

Uma aliada contemporânea, forte e inesperada, do romantismo educacional e do sentimentalismo é a linguística contemporânea, disciplina supostamente científica. O *locus classicus* das conclusões sentimentais (e politicamente corretas)[15] tiradas da ciência da linguística é O *Instinto da Linguagem*, livro de Steven Pinker. É possível dizer quase com certeza que este é o livro mais influente jamais escrito sobre o assunto, reeditado dezenas de vezes; e, como se pode presumir que aqueles que o leem estão na faixa de cima do espectro educacional, pode-se presumir que ele teve algum efeito.

O livro tira conclusões infundadas e nocivas daquilo que pode perfeitamente ser uma visão correta do desenvolvimento da linguagem em crianças individuais.

---

[14] *Education through Experience in the Infant School Years*, 1950.

[15] O politicamente correto é muitas vezes a tentativa de tornar o sentimentalismo socialmente obrigatório ou aplicável por lei.

A parte da teoria que pode estar correta é a seguinte: as crianças são preordenadas biologicamente para desenvolver a linguagem, seus cérebros são geneticamente determinados e construídos de tal modo que, em certa fase da vida, elas desenvolvem a linguagem. Além disso, a linguagem que elas desenvolvem será regida por normas, e isso vale para qualquer linguagem que aprendam, seja o calão das favelas, o verniz do aristocrata, ou o bate-papo de mulheres num poço no meio do Saara.

Até aí tudo certo. Pode bem ser que seja assim. Os indícios sugerem que se, por razões de isolamento social, uma criança não tiver aprendido a falar até os seis anos, nunca aprenderá a falar adequadamente, sugerindo que a aquisição da linguagem de fato está programada biologicamente.

Mas então são tiradas novas conclusões, infundadas e perigosas. Como todas as crianças aprendem a linguagem espontaneamente, uma linguagem que, além disso, é tão obediente às regras gramaticais quanto qualquer outra linguagem, e que, por definição, é apropriada e adequada à vida na sociedade em que elas crescem, não é necessário nenhum treinamento particular em sua língua nativa. Isso acontece porque nenhuma forma de linguagem é intrinsecamente superior a outra. A linguagem, diz o professor Pinker, não é de jeito nenhum um artefato cultural e, portanto, não pode ser ensinada. A gramática prescritiva é um "monstrinho da professorinha antiquada"; uma língua padrão (como aquela em que ele mesmo escreve) é uma língua "com um exército e uma marinha".[16] Todas as referências à língua padrão e à gramática prescritiva no livro são pejorativas, ainda que às vezes imbuídas de certa ironia, aquele tipo de ironia que um sofisticado metropolitano emprega quando se dirige a um ingênuo, rude e ignorante trabalhador agrícola, ou quando fala dele. Entre

---

[16] Paradoxalmente, para alguém que afirma que todas as formas de linguagem têm o mesmo valor, a posse de um exército e de uma marinha implica que uma língua padrão é inferior a todas as demais formas daquela língua, ao menos moralmente, na medida em que recorre à força para impor-se à população. Assim, qualquer pessoa que, por exemplo, ensine uma criança numa favela a falar e a escrever uma língua padrão está oprimindo-a. Com certeza, essa ideia pode facilitar a vida dos professores, ao menos a curto prazo.

as demais razões pelas quais não se deve ensinar uma língua padrão está a que a própria língua padrão muda com o tempo; o que é considerado um uso "correto" hoje é considerado "incorreto" amanhã,[17] e por isso seu estudo não vale a pena. Tanto esforço é desperdiçado; o fato mesmo da mudança solapa a reivindicação de correção.

Na visão de Pinker, ao menos como expressada em seu livro, ainda que não em sua vida, não há Miltons inglórios e mudos descansando nos pátios das igrejas, porque cada qual desenvolve espontaneamente a linguagem adequada a suas necessidades. E, portanto, como ele diz no começo do livro, citando Oscar Wilde, "nada que merece ser sabido pode ser ensinado".

O fato é que há nisso muito exibicionismo moral, um convite para que o leitor exclame: "Nossa, como esse homem inteligente e erudito é democrático, como tem a mente aberta!". Mas isso não é nada muito sincero. É altamente improvável que ele quisesse que seus próprios filhos crescessem falando apenas aquilo que ele chama de vernáculo inglês negro, que ele em outras partes elogia pela adequação de sua expressividade; e quando escrevi um artigo atacando sua visão do assunto, observando, entre outros, que sua visão, se levada a sério, necessariamente fechava as pessoas nos mundos mentais em que tinham nascido, ele respondeu: "Claro que as pessoas devem aprender uma língua padrão". Isso prova que ele ou tinha mudado de opinião sobre o assunto (de que modo elas aprenderiam, se não com a ajuda das tão escarnecidas professoras antiquadas, ele não se dignou a explicar) ou nunca tinha sequer acreditado naquilo que tinha escrito.

Isso também é sugerido pela própria dedicatória do livro, que diz: "Para Harry e Roslyn Pinker, que me deram a linguagem".

Se o professor Pinker sentia gratidão porque eles lhe deram a linguagem em sentido puramente biológico, ele também poderia ter escrito:

---

[17] O professor Pinker deixa de mencionar que isso vale para muitos assuntos. Muitas coisas que aprendi na faculdade de medicina mostraram-se falsas após maiores investigações. Isso não significa que elas não deveriam ter sido ensinadas.

"Para Harry e Roslyn Pinker, que me deram a urina", ou "Para Harry e Roslyn Pinker, que me deram as fezes", que são tão biológicas quanto a linguagem e talvez ainda mais necessárias de um ponto de vista biológico.[18] Mas não acho que tenha sido isso que ele quis dizer.

Na verdade, ele apenas está dando um verniz novo e supostamente científico a antigas concepções românticas sobre a infância, concepções que quase certamente são em seu íntimo uma negação e um repúdio da doutrina religiosa do Pecado Original. Não preciso recapitular aqui a sucessão apostólica dos educadores românticos (Rousseau, Pestalozzi, Montessori, Dewey, Steiner, para nada dizer de seus acólitos), e vou me limitar a citar um dos antecessores intelectuais – ou talvez, para ser mais preciso, emocionais – do professor Pinker, a reformadora social Margaret Macmillan. Ela fez muitas coisas boas, especialmente pelo bem-estar físico das crianças, mas também muito mal; ela escreveu que "a primeira infância é um período vital e importantíssimo da educação, mas não é o momento de precisão...". Tirando as consequências cada vez mais escorregadias de seus princípios, o momento de precisão nunca chegaria.[19] Recentemente, por exemplo, um acadêmico sugeria no *Times* que certos erros de ortografia eram hoje tão comuns entre os estudantes que era hora de aceitá-los como se fossem corretos, porque os alunos eram incorrigíveis. O acadêmico usava todos os argumentos pinkerianos: os erros não tornavam o sentido das palavras indecifrável, a ortografia mudava com o tempo de qualquer jeito, etc., etc. Talvez não surpreenda que a área do acadêmico fosse criminologia, porque os criminologistas há muito estão para o crime como o marechal Pétain está para Hitler. (A principal inovação do professor Pinker foi a sugestão de que, no que

---

[18] Ainda que biológicas, elas também possuem um aspecto social ou educacional. Até onde sei, nenhum grupo de pessoas deixa de treinar seus filhos quanto ao modo aceitável de descartar urina e fezes; e, se esse grupo existisse, eu não gostaria de encontrá-lo.

[19] Também tenho uma suspeita, ainda que não consiga prová-la, de que qualidades como a capacidade de concentração são um pouco como a aquisição da linguagem: se não são aprendidas até uma certa idade, nunca serão.

diz respeito à linguagem, a precisão nem existe; ou, se existe, cada qual a atinge pela mera virtude de vociferar.)

O professor Pinker nos diz que as pessoas falam assim como as aranhas tecem teias, ainda que ele não seja tolo o suficiente para admitir que há diferenças; porém, ele também dá a entender que a genialidade está dentro de cada um de nós. Isso ele faz citando o linguista antropológico Edward Sapir, que escreveu: "No que diz respeito à forma linguística, Platão anda com o guardador de porcos macedônio, Confúcio, com o selvagem de Assam, caçador de cabeças". Uma criança de três anos, diz o professor Pinker, é um gênio da gramática. Somos todos iguais, e iguais aos melhores: e tudo sem qualquer formação, e sem nenhum esforço!

Nessas circunstâncias, mal chega a surpreender que alguns tenham chegado à conclusão de que não apenas a formação e a educação por si não promovem o bem, como ainda geram ativamente o mal ao inibir a genialidade e a criatividade naturais das crianças. Cá está outra vez Margaret Macmillan:

> Toda a questão do desenvolvimento da mente diz respeito aos diversos tipos de movimento naturais ou impostos às crianças [...] A origem da imaginação é motora [...] As crianças [...] aprendem a ler, a escrever, mas não a iniciar, a adaptar livremente seus recursos. Shakespeare [...], Bunyan [...], onde estão eles hoje?

Agora, todos sabem que o latim de Shakespeare não era muito, e que o grego era menos; mas era algum, e não inexistente. Se ele frequentou a escola primária de Stratford, quase com certeza recebeu uma formação cujo rigor beirava a crueldade, mas que obviamente preencheu sua mente com algo útil.

A ideia de que a formação e o conhecimento são inimigos do gênio natural que há em cada um de nós se espalhou para alguns lugares surpreendentes.[20] Enquanto eu ainda praticava a medicina, tive alguns pacientes

---

[20] Ainda não chegou à cirurgia. Não acho que qualquer pessoa se submeteria a uma operação realizada por um cirurgião que tivesse sido formado por essa linha. E, para sermos justos, não é exatamente verdade que os alunos de arte não

que eram estudantes de arte. Perguntei se eles costumavam ir a galerias, e eles diziam que não. Eles esperavam que seu talento natural florescesse sem a ajuda das inibições induzidas pelo treinamento formal ou pela familiaridade com os esforços dos artistas do passado: de fato, sua definição de talento era que ele deveria brotar espontaneamente de seu poço de genialidade. A originalidade total, a completa desconexão com tudo que tinha sido feito antes por qualquer pessoa, era seu objetivo, e não surpreende que a transgressão fosse seu instrumento.

Aqueles jovens que diziam querer ser jornalistas eram iguaizinhos. Quando eu perguntava o que liam, eles achavam a questão desconcertante: será que eu não entendia que eles queriam ser escritores, e não leitores? A ideia de que escritores precisavam ler era muito estranha para eles. Ler não iria acabar com sua originalidade?

Houve, é verdade, uma reação tardia às consequências naturais daquilo que se pode chamar de "modo lúdico" ou modo "sentimental" da educação. A tentativa de preencher de informação mentes sob outros aspectos inocentes teve como resultado a doutrinação do sentimentalismo. O único composto químico de que as crianças ouviram falar é o dióxido de carbono, por ser um gás gerador de efeito estufa; elas querem salvar o planeta, ainda que não consigam achar a China no mapa nem definir a curva de nível. Elas sabem que a história tem sido uma luta entre opressor e oprimido porque os episódios históricos de que estão cientes são o comércio de escravos no Atlântico e o Holocausto (não necessariamente nessa ordem). Recentemente, conheci uma moça que estava estudando história na faculdade. Perguntei o que ela estava aprendendo, e ela respondeu que estava "vendo" o genocídio em Ruanda. Reprimindo minhas dúvidas a respeito de um evento tão recente fazer parte do currículo de história para alguém que muito provavelmente não seria capaz de colocar as revoluções inglesa,

---

aprendem nenhuma história da arte. Conheci uma aluna que tinha acabado de começar seu segundo ano de estudo do assunto. Perguntei o que ela tinha feito no primeiro ano. "Arte africana", respondeu ela. E no segundo? "Roy Liechtenstein", disse. Nas palavras de Pudd'nhead Wilson: "Melhor não saber nada do que saber coisa errada."

americana, francesa e russa em ordem cronológica, perguntei-lhe o que tinha lido sobre o assunto. Como eu mesmo viajei por Ruanda, li mais do que a média sobre esse assunto, e estava curioso. No fim, a única coisa que ela conseguia citar era o filme *Hotel Ruanda*. Perguntei o que ela achava da situação no Burundi, vizinho de Ruanda ao sul, que é uma espécie de imagem espelhada de Ruanda. Ela não tinha ouvido falar do país nem estava ciente de que os dois países tinham sido territórios sob mandato da Bélgica (e muito menos que, antes disso, tinham sido colônias alemãs). Assim, pareceu-me que a história que ela estava estudando era uma forma de moralismo sentimental, uma espécie de declaração de virtude pessoal para concluir que matar muita gente sem uma boa razão é errado, lição que, mesmo hoje, praticamente não precisa ser ensinada, porque ninguém argumentaria em contrário. Não quero dizer que o genocídio de Ruanda não é um assunto para profunda reflexão moral e psicológica; claro que é. Mas há uma vulgaridade em seu uso aqui que faz com que a diferença entre história narrativa e novela de TV seja praticamente apagada.

O triunfo da visão romântica da educação foi duplamente desastroso por ter coincidido com o triunfo da visão romântica das relações humanas, particularmente das relações familiares. Essa visão é mais ou menos assim: sendo a felicidade o objetivo da vida humana, e sendo óbvio e patente o fato de que muitos casamentos são infelizes, é hora de basear as relações humanas não em bases extemporâneas e antirromânticas como a obrigação social, o interesse financeiro e o dever, mas em nada além de amor, afeto e inclinação. Todas as tentativas de estabilidade baseadas em qualquer coisa que não seja o amor, o afeto e a inclinação são intrinsecamente opressoras e devem, portanto, ser descartadas. Uma vez que as relações – especialmente aquelas entre os sexos – se baseiem apenas no amor, toda a beleza da personalidade humana, até agora tapada pelas nuvens do dever, da convenção, da vergonha social e afins surgiria como uma coruscante libélula no verão.

E seria tão duradoura quanto essa libélula. A família, com todas as suas incontestes tristezas (e também, é claro, suas alegrias), há muito é objeto do ódio de intelectuais ambiciosos, porque a família se coloca entre o Estado, a ser dirigido pelos intelectuais, e o poder total. Afirmando querer trazer um mundo só de alegrias, sem tristezas, os intelectuais quase sistematicamente denegriram a família, tomando seus piores aspectos pelo todo e usando a reforma (muitas vezes, deveras necessária) como pretexto para a destruição. De fato, na Inglaterra, usou-se aquilo que os comunistas húngaros chamavam de *tática do salame*, até que o casamento, exceto para aqueles poucos que ainda são profundamente religiosos, foi praticamente esvaziado de seu conteúdo moral, social, prático e contratual. Não surpreende que o Estado tenha entrado por essa brecha: metade da população britânica hoje recebe alguma espécie de subvenção.

Bernard Shaw (não por coincidência um admirador indiscriminado de Mussolini, de Hitler e de Stálin) disse que o casamento era a prostituição legalizada; seu mestre Ibsen, dramaturgo infinitamente superior, claro, criou uma heroína cujo heroísmo em parte consistia – ainda que de modo geral a plateia não perceba – em abandonar seus próprios filhos sem pensar por um instante em como as coisas vão ficar para eles.

Aquilo se mostrou profundamente profético, ao menos no que diz respeito à Grã-Bretanha.[21] Para cada paciente que me disse que estava ficando com a mãe de seus filhos por causa dos filhos, devo ter ouvido uma centena de outros dizerem "não está dando certo", ou "preciso do meu espaço". O bem-estar dos filhos não é sequer considerado.

O afrouxamento dos laços entre os pais dos filhos, não importando como foram forjados, teve consequências desastrosas tanto para os indivíduos quanto para a sociedade. Assim, obviamente, é preciso ser um intelectual treinado para ser capaz de negá-los. Na área em que trabalhei, numa cidade em que, aliás, a maioria dos indicadores sociais, como renda e desemprego, era mais ou menos a média do país como um todo, era praticamente inaudito que uma criança vivesse numa família com seus dois pais biológicos. Quando lhe perguntavam quem era seu pai, o jovem muitas vezes responderia: "Meu pai no momento, quer dizer?". O contato com os pais biológicos tinha sido muitas vezes completamente perdido; ou, caso preservado, era integralmente conflituoso, já que ele o usava como arma na guerra de amor e ódio contra a mãe. Meios-irmãos eram

---

[21] E a Grã-Bretanha, por razões que não compreendo, e para a infelicidade de outros países, é uma nação avançada. Olhai a Inglaterra, ó, poderosos, e desesperai-vos!

muito mais comuns do que irmãos plenos; ter padrastos em série era a norma, e estava longe de ser incomum que uma jovem mãe expulsasse de casa os próprios filhos porque o novo namorado não queria que as crianças ficassem ali (afinal, elas eram evidências biológicas de seus relacionamentos pregressos) e lhe dava um ultimato: ou eles ou eu. Na maioria dos casos que conheço, a mãe escolhia ficar com ele, e não me lembro de um único caso de uma mulher botando na rua o novo namorado porque ele exigiu a expulsão de seus filhos com outros homens.

Talvez tudo tivesse sido resolvido caso fosse encontrado algum meio de conciliar as duas demandas sentimentais da concepção romântica das relações entre os sexos: de um lado, elas devem basear-se tão-somente em atração, desejo sexual e afeto, e de outro, deve haver uma grande paixão o tempo inteiro entre eles (qualquer coisa menor do que isso torna a vida indigna de viver). Infelizmente, porém, o amor livre e a posse sexual exclusiva de outras pessoas são princípios fundamentalmente incompatíveis. Nada pode conciliá-los.

Ninguém pode duvidar seriamente de que sob aquilo que hoje pode ser chamado de *ancien régime* das relações sexuais — em que a normalidade era considerada o casamento monogâmico — havia frustração, infelicidade e hipocrisia. Aliás, se você retirar da literatura os assuntos frustração, infelicidade e hipocrisia, talvez sobre muito pouca literatura. O adultério era comum e, se os testes de DNA estivessem disponíveis, sugeririam que certa porcentagem das crianças de casamentos supostamente monogâmicos eram frutos de outros enlaces. Muita coisa era varrida para baixo do tapete; não apenas muita coisa acontecia sem ser observada, como também havia uma disposição, muitas vezes difícil de distinguir da necessidade, de passar por cima do óbvio. O divórcio e a separação eram a exceção, não a regra; lembro-me do tempo — parece até que estou falando do segundo milênio antes de Cristo — em que os divorciados eram mencionados num tom de voz particular, sussurrado.[22]

---

[22] Entre os papéis de minha mãe que encontrei após sua morte, encontrei o relatório de um detetive particular que buscou provas do adultério de meu pai, o que à época era uma das poucas razões para o divórcio. Ele não encontrou; pelo que ouvi, ele deve ter sido incompetente.

Nada excita mais a mente dos reformadores do que a hipocrisia e a incoerência, sobretudo quando eles mesmos estão possuídos pelo desejo skimpoliano de ser livres como borboletas.[23] Fora com a hipocrisia! Fora com a frustração! Fora com os desejos ocultos! Fora com a tentação resistida! Vivamos agora como quisermos, sem as deformações trazidas pela dissimulação, vivamos à plena luz do dia! Deixemos que a vida inteira, de fato, seja um livro aberto, de modo que a partir de agora a aparência seja igual à realidade!

Por outro lado, um realista, mas não um sentimentalista,[24] jamais ignoraria que o único modo de eliminar a hipocrisia da existência humana é abandonar todo e qualquer princípio; e que para os seres humanos, com suas mentes extremamente complexas, que mesmo assim não são capazes de compreender (porque nenhuma explicação de nada chega a

---

[23] Não foi só no mundo anglo-saxônico que existiu esse desejo. Em agosto de 2008, saiu no *Le Monde* um obituário de um escritor chamado Tony Duvert. A grande ideia de Duvert era que o Estado não devia ter nada que ver com as relações sexuais. Não deveria haver leis nem contratos aplicáveis a respeito desses assuntos. Provavelmente, nenhum desejo sexual deveria ser criminalizado, nem os desejos de um Jeffrey Dahmer [serial killer americano (N. T.)]. Ao referir seu romance *Paysage de Fantasia* [Paisagem de Fantasia], que recebeu o prêmio Medicis em 1973, diz o obituário: "Num lar temporário para crianças, os internos podiam abandonar-se a todos os seus caprichos do momento, sem qualquer tabu, sem olhares de desaprovação, sem censura. Há, no livro, como que uma celebração da amoralidade, de uma alegria feroz. E na subversão da gramática [usada no livro] [...] lança-se um desafio a todas as convenções literárias e éticas". "Mas", continua o obituário, "é em *Journal d'un Innocent* [Diário de um Inocente] que essa inocência pagã se expressa de maneira ainda mais clara. Num mundo sem necessidade ou sofrimento, em algum lugar ao Sul, as cópulas sexuais sucedem-se com total despreocupação de si". Isso com certeza não passa de *nonsense* sentimental adolescente. Talvez não por coincidência o obituário comece: "O escritor Tony Duvert, de 63 anos, foi encontrado morto dia 20 de agosto, em casa, na cidadezinha de Thore-la-Rochelle. Sua morte ocorreu um mês antes". Falsos sentimentos levando a uma tragédia real.

[24] E também uma pessoa religiosa, ou ao menos algumas pessoas religiosas, que sabem que "meu reino não é deste mundo", mas não muitos utopistas seculares.

ser definitiva) uma única ação sua, é impossível viver de maneira totalmente aberta. Basta um único experimento mental, bem simples, para estabelecer que, mesmo que fosse possível viver de maneira totalmente aberta, isso não seria desejável.

Suponha que fosse possível criar um *scanner* de pensamentos, uma máquina que, a uma certa distância, fosse capaz de traduzir a atividade psicológica do cérebro de uma pessoa nos pensamentos que ela estivesse pensando, de modo que, pela posse desse instrumento, fosse possível para qualquer pessoa saber o que todo mundo estava pensando. Será que alguém esperaria que a taxa de homicídios subisse ou descesse, ou que quaisquer associações entre as pessoas durassem mais do que alguns segundos? Esse mundo faria com que a Coreia do Norte parecesse um paraíso libertário.

A crítica de uma prática porque ela demanda hipocrisia e ocultação, portanto, não é de modo algum uma crítica. A questão, na verdade, deveria ser: que prática e que tipos de hipocrisia e de ocultação são menos nocivos ao bem-estar humano? E o problema ainda é reforçado pelo fato de que os seres humanos não mudam muito rápido, ao menos em todas as direções; por exemplo, você não conseguiria se livrar do desejo pela posse sexual exclusiva de outra pessoa assim como poderia se livrar dos impedimentos ao divórcio e de outros pilares da antiga prática.

Basta dizer que, ao menos para uma parte considerável da população, especialmente a mais pobre e mais vulnerável, a nova prática trouxe liberdade em certas direções, mas também aquela espécie de medo, de ciúme, de violência e de colapso social generalizado que circunscreve severamente a liberdade em direções muito mais importantes.

A resposta ao caos afetivo que a nova prática trouxe cai em dois padrões principais, que no entanto não são de todo mutuamente excludentes, a saber, de um lado, a indulgência excessiva e, de outro, a negligência e o abuso.

Muitas vezes, os pais, que se consideram a si mesmos bons pais, procuravam-me para perguntar por que seu filho ou sua filha tinha ficado tão problemático: tão temperamental, agressivo, violento e criminoso. Eles achavam aquilo difícil de entender porque, como diziam: "Nós lhe demos tudo".

Quando eu perguntava o que eles queriam dizer com "tudo", eles respondiam, tirando uma ou outra posse material, "os melhores tênis, um iPod, um aparelho de CD".[25] Além disso, eles tinham provido esse itens indispensáveis para uma infância feliz no momento mesmo em que foram desejados, muitas vezes à custa de um sacrifício considerável, porque ricos não eram.

Obviamente, eles estavam aprisionados pela ideia romântica de que, parafraseando Blake, é melhor matar uma criança no berço do que permitir que ela cultive desejos sem tentar realizá-los.[26] Essa ideia, parvamente sentimental, com sua recusa cega de ver que a realização dos desejos às vezes pode levar precisamente ao assassinato da criança no berço, para nem falar de outros horrores, é hoje bastante disseminada. Os pais de crianças a quem nada foi negado ficam sinceramente chocados quando elas se mostram egoístas, exigentes e intolerantes com a mais mínima frustração.

Um motivo adicional para o excesso de indulgência em relação às crianças é a culpa sentida pelos adultos que, realizando seus desejos, trouxeram o caos emocional para as vidas das crianças. Eles tentam compensar isso dando posses materiais.[27] Não é preciso dizer que isso não é totalmente contrário aos interesses econômicos de uma sociedade consumista.

Entre pais mais abastados, o excesso de indulgência para com os desejos das crianças por posses materiais é muitas vezes uma tentativa de compensar uma falta de cuidado e de atenção para com os próprios filhos, bem como de tempo dedicado a eles: trata-se, em suma, de uma manifestação da consciência pesada.

---

[25] Uma proporção muito maior de crianças britânicas (79%) tem TV no quarto do que seu pai biológico vivendo na mesma casa.

[26] Para que o leitor não pense mal de Blake, o poeta colocou o verso *Sooner murder an infant than nurse unacted desires* entre os "Provérbios do Inferno", de *O Casamento do Céu com o Inferno*. (N. T.)

[27] Quando eu tinha cerca de oito anos, minha mãe deixou meu pai por um breve período e levou a mim e a meu irmão para viver num hotel. Para distrair-me da mudança de circunstâncias, ela comprou para mim *The Observer's Book of Butterflies* [O Livro do Observador de Borboletas] e *The Observer's Book of Aeroplanes* [O Livro do Observador de Aviões]. Ainda sou muito bom em reconhecer aviões da década de 1950.

O outro lado da moeda do excesso de indulgência são a negligência agressiva e a violência. Não é necessário acreditar nas explicações dos neo-darwinistas e dos sociobiólogos para aceitar que padrastos e madrastas têm muito mais chance de ser violentos com seus enteados ou de abusar sexualmente deles do que seus pais biológicos.[28] Isso é conhecido desde tempos imemoriais; não é por nada que a madrasta dos contos de fadas é malvada.

Portanto, aquele que promove pais e mães postiços na sociedade promove a negligência com as crianças e a violência contra elas. Isso é ainda mais verdade quando (como costuma ser o caso hoje) os pais postiços se sucedem. Se, digamos, um padrasto em cinco é negligente ou violento com seus enteados, então aquelas crianças que têm três padrastos na vida (e elas não são de jeito nenhum poucas na Grã-Bretanha de hoje) têm uma chance de 60% de ser negligenciadas ou de sofrer violência na infância.

Aqueles adultos que, apesar de ter posto filhos no mundo, formam e rompem casais como vidro sendo estilhaçado por uma pedra estão eles mesmos agindo a partir da teoria sentimental de que desejos tolhidos são excessivamente perigosos. Essa visão foi reforçada pelo freudismo, rio afluente que despeja seu melaço no grande pântano de limo e lodo sentimental moderno. Todo mundo, inclusive quem não sabe nada de Freud e não tem a menor ideia do que seja a psicanálise, a essa altura já ouviu dizer que os desejos secretos e os traumas ocultos que permanecem secretos e ocultos causam sérios problemas no futuro. Quando perguntei a um torcedor inglês de futebol, que, junto com dez mil outros torcedores, tinha viajado à Itália para assistir a um jogo supostamente amistoso entre a Itália e a Inglaterra, por que ele tinha ido tão longe para gritar palavrões e obscenidades contra os italianos (naquela época, eu era o que se poderia

---

[28] Os sociobiólogos defendem que a razão para o aumento da violência crescente de padrastos e madrastas é que os enteados representam competição pelos recursos que de outro modo estariam disponíveis para sua prole genética. Isso me parece ridiculamente redutivo. Se padrastos e madrastas têm uma chance muito maior de serem violentos com crianças do que os pais biológicos, resta o fato de que a maioria deles não é violenta.

chamar de correspondente de vulgaridade de um jornal, que me pedia para ir a lugares onde os ingleses se reuniam *en masse* para comportar-se mal, o que de fato era todo lugar em que eles se reuniam *en masse*), ele respondeu: "Você precisa relaxar". Como a maioria dos outros dez mil, ele era profundamente classe média.

Da mesma forma, se você perguntar aos jovens porque eles bebem até cair, outra vez *en masse*, exibindo-se em público ou incomodando o público enquanto isso, eles vão responder que, para eles, é necessário perder todas as inibições e expressar-se, como se aquilo que havia dentro deles a ser expressado fosse pus que se acumulasse num abscesso caso não o expressassem, dando-lhes o equivalente emocional da septicemia.[29] Como costumava dizer a classe operária inglesa a respeito de seus dentes, que, como sabiam, logo apodreceriam, causando fortíssimas dores, melhor fora do que dentro.

Assim, se o relacionamento entre um homem e uma mulher tinha suas dificuldades – se, na maneira pseudoconfessional de falar de si próprio que se tornou quase universal, "ele (quer dizer, o relacionamento) está meio parado" –, havia apenas um único recurso possível que evitaria o terrível *dénouement* produzido pela frustração e pela infelicidade: a separação, desconsiderando-se os interesses dos filhos do relacionamento. E, como vimos, o governo cuidadosamente garantiu que nenhum interesse material, ao menos no estrato mais baixo do espectro socioeconômico, poderia ficar no caminho desse final feliz.

A extrema fragilidade e friabilidade das relações entre os sexos, combinada com o desejo persistente pela posse sexual exclusiva do outro, leva, não de maneira antinatural, a muito ciúme, que em si é a causa mais

---

[29] Diversas vezes ouvi jovens britânicos discutindo sobre a noite anterior e dizendo ter se divertido de maneira incomparável. A prova disso estava em que, graças à quantidade de álcool que ingeriram, não conseguiam lembrar nada a respeito dela. Isso me parece indicar uma visão deveras pessimista das possibilidades de relacionamento social humano. O número de sinônimos que a língua inglesa (como usada na Inglaterra) hoje possui para "bêbado" – *bladdered, wasted, hammered*, etc. – recorda o número de palavras que os esquimós supostamente tinham para neve.

comum e mais forte da violência entre os sexos. Há muito tempo é assim. Por exemplo, o Dr. Norwood East, psiquiatra carcerário, descobriu numa pesquisa, publicada em 1949, que 46 de duzentos assassinos não insanos cometeram seus crimes por motivos de ciúme sexual, sendo essa a motivação associada mais comum, e que esse número era quase tão grande quanto o dos que mataram por motivações pecuniárias.

É óbvio o motivo pelo qual a friabilidade dos relacionamentos deveria promover o ciúme (na medida em que o desejo pela posse sexual exclusiva do outro, que não dá sinais de diminuir, permanece). Assim como, no campo profissional, a facilidade em demitir significa facilidade para empregar, também um relacionamento que se iniciou de maneira casual pode terminar casualmente. A maioria dos homens acha que os outros homens são como eles, e em qualquer ambiente social isso será provavelmente mais ou menos verdadeiro; assim, se eles forem sexualmente predatórios e se, como costuma ser o caso, eles "pegaram" a parceira sexual de seu melhor amigo, eles supõem que todos à sua volta, incluindo os amigos ou supostos amigos, estão empenhados em agir da mesma maneira. Isso tem duas consequências: é preciso encontrar um jeito de manter o objeto de seus desejos longe das mãos e frequentemente dos olhares dos outros, e não há melhor maneira de obter isso, ao menos no curto prazo, do que a violência arbitrária, porque essa violência é tão preocupante que o ser "amado" não tem tempo nem energia para atividades extracurriculares; e, em segundo lugar, isso gera a cultura do o-que-é-que-você-está-olhando, em que todo outro macho é um predador sexual em potencial. Como prevenir é melhor que remediar, um copo na cara é melhor do que outra oportunidade de chamar atenção e provocar a concupiscência do ser amado.

Em suma, a visão sentimental da infância e das relações entre os sexos tem as seguintes consequências: deixa muitas crianças incapazes de ler adequadamente e de realizar cálculos simples. Isso, por sua vez, resulta em encerrar essas crianças nas condições sociais em que nascem, porque a incapacidade de ler, e uma educação básica de má qualidade, é quase (ainda que talvez nem tanto) impossível de ser consertada posteriormente. Não apenas isso significa que talentos possam ser desperdiçados e que crianças e adultos inteligentes possam ficar profundamente frustrados, como também reduz o nível geral de cultura na sociedade. A ideia de que as relações humanas devem ser permanente e apaixonadamente felizes, e, portanto, que todo obstáculo social, contratual, econômico e de costumes à consecução desse fim deve ser removido, assim eliminando todas as fontes de frustração e de motivos para a hipocrisia, leva ao excesso de indulgência, à negligência das crianças e à violência contra elas, e também a um aumento nos níveis de ciúme, a mais forte de todas as motivações para a violência entre os sexos.

A visão romântica e sentimental dos aspectos mais importantes da existência humana está, portanto, intimamente conectada à violência e à brutalidade da vida cotidiana, que quase certamente piorou na Inglaterra ao longo dos últimos sessenta anos, apesar das imensas melhorias nos níveis de conforto físico e de bem-estar.

Ainda se deve observar que uma das consequências da adoção geral da visão romântica e sentimental da existência humana é a perda da clareza dos limites entre o permissível e o não permissível; afinal, a própria vida decreta que nem tudo é ou pode ser permissível. É simplesmente impossível viver como se fosse verdade que é melhor estrangular bebês do que permitir que eles, ou qualquer outra pessoa, tenham desejos tolhidos.[30] Contudo, a perda da clareza dos limites causada pela adoção de uma visão impossível como se fosse verdadeira, e a consequente recusa dos indivíduos em aceitar limitações a suas próprias vidas impostas por forças extemporâneas, isso é, forças que independem de sua vontade ou

---

[30] Uma das manifestações dessa crença é a recusa de homens e de mulheres em comprometer-se um com o outro – reclamação que se pode ouvir em ônibus e trens o tempo todo. A pessoa que se recusa a assumir um compromisso recusa-se a excluir quaisquer possibilidades que possam vir a surgir em sua vida e das quais ela possa querer aproveitar-se. A pessoa concebe sua liberdade como uma gama infinita de possibilidades: uma gama infinita no sentido de que nenhuma está excluída por uma decisão já tomada. Ela não percebe que toda ação traz vantagens e desvantagens, conveniências e inconveniências; que uma existência perfeita, sem qualquer vestígio de frustração, de perda e de infelicidade é impossível, uma quimera.

de seus caprichos, como as convenções sociais, os contratos e coisas afins, significa que a incerteza se torna não o terreno da especulação intelectual, mas da maneira mesma como a vida deve ser vivida. A incerteza, por meio da reação contra ela, gera intolerância e violência.

Nada deixa isso mais claro do que as questões da sexualidade e da infância. Presumindo que deve haver uma idade legal para relacionamentos sexuais consensuais, resta o fato de que qualquer idade escolhida será, em alguma medida, arbitrária. É absurdo supor que, se ela for de dezesseis anos, uma criança de quinze anos e 364 dias tenha efetiva e realmente amadurecido um dia depois em tal medida que se torna capaz de decidir aquilo que anteriormente era incapaz de decidir. O mesmo vale para qualquer idade escolhida.

Disso parece derivar que aquilo que é legalmente não permissível pode mesmo assim ser moral e praticamente permissível – pelo menos essa é a conclusão tirada pela maioria das pessoas em nossa sociedade. Um menor de quinze anos não pode legalmente ter relações sexuais consensuais, e todas essas relações são, portanto, criminosas; todavia, os médicos têm ordens para receitar contraceptivos a crianças ainda mais novas sem informar seus pais, publicações voltadas para a faixa de onze e doze anos muitas vezes são um convite explícito ao comportamento sexual, e não há qualquer dúvida de que muitos pais são coniventes com as atividades sexuais ilegais de seus filhos. É verdade que alguns homens ainda são condenados por ter tido relações com meninas abaixo da idade de consentimento, mas eles frequentemente afirmam, de modo não inteiramente implausível, que as meninas em questão não pareciam ter a idade que tinham e estavam fora de casa num horário em que não se esperaria que meninas daquela idade estivessem fora de casa (no salve-se quem puder generalizado e movido a álcool e drogas que acontece no centro de cada cidade britânica toda sexta e todo sábado, é difícil esperar que uma inspeção de certidões de nascimento seja exigida e concedida). Além disso, os homens afirmam que estão sendo punidos não exatamente por terem tido relações sexuais com essas meninas, mas, na verdade, por terem parado de ter relações sexuais com elas: como elas não ficam contentes com sua interrupção, correm para os pais – que já sabiam das relações – e pedem que eles procurem a polícia. Os homens condenados ressentem-se não por serem inocentes da acusação, mas porque eles fizeram tão-somente aquilo que muitos outros fizeram e continuam a fazer, com o conhecimento e até com a aprovação dos pais das meninas. A idade de consentimento torna-se não uma regra a obedecer, mas uma arma a empregar.

Mais importante, as condições sociais em que o abuso sexual de crianças tem mais chances de acontecer foram assiduamente incentivadas primeiro pelos intelectuais, e depois pelo Estado. E aqueles que têm a consciência pesada muitas vezes buscam um bode expiatório.

O atual bode expiatório na Grã-Bretanha para a negligência e para o abuso das crianças, que é a consequência da recusa da população em colocar um limite em seus próprios apetites (para citar Burke), é a pedofilia. Isso não equivale a negar a seriedade da pedofilia: não tenho certeza se a oferta gera a demanda, ou a demanda, a oferta, mas deve haver pouca dúvida quanto aos horrores cometidos contra crianças para que imagens daquilo que é feito com elas possam ser vendidas pela internet. Pela natureza das coisas, é difícil saber se as piores formas de pedofilia estão ou não aumentando; contudo, resta o fato de que uma criança tem muito mais chances de sofrer abusos em casa, por um membro da família ou ao menos por um visitante frequente da casa, do que por qualquer outra pessoa. E milhões de pessoas contribuíram para a maximização das chances.

Assim, é contra os pedófilos e contra a pedofilia que a histeria culpada da população se direciona. Ela se tornou tão grande que numa infeliz ocasião a casa de um pediatra foi apedrejada por uma turba, para a qual a pediatria e a pedofilia eram indistinguíveis.[31] Na Grã-Bretanha, do lado de fora dos tribunais, cenas de turbas hostis contra supostos pedófilos que ali devem comparecer (a ideia de que todo homem é inocente até que se

---

[31] A confusão não é meramente verbal. A ideia de que qualquer pessoa que tenha qualquer coisa a ver com crianças, seja como profissional ou amador, é provavelmente pedófila, foi consagrada oficialmente e levou, como de hábito, a uma indústria burocrática de obstruções administrativas e de verificações compulsórias. Presume-se a culpa e deve-se provar a inocência. Enquanto isso, o abuso sexual rotineiro de crianças se perpetua.

prove que é culpado é alheia às turbas) tornaram-se muito comuns; e as mulheres, muitas vezes com uma criança aterrorizada a reboque, gritam xingamentos e até lançam objetos contra os veículos que transportam os supostos malfeitores, sem aparentemente se dar conta do abuso que há em expor uma criança a essas cenas. Célere vem a certeza de que a maioria das mulheres que age desse jeito vive naquelas mesmas circunstâncias que têm mais chance de criar ocasiões para o abuso sexual de crianças. Não fosse pela presença da polícia, é bem provável que nessas cenas houvesse uma tortura seguida por um linchamento.

A conexão entre o sentimentalismo e a lei do linchamento é também demonstrada pela violência dos prisioneiros contra seus colegas que são culpados de delitos sexuais (ou que apenas estão cumprindo pena por eles).[32] A lógica para essa violência é que os criminosos sexuais "mexem com criancinhas" – sempre criancinhas, aliás, e nunca meras crianças. As autoridades têm de proteger os criminosos da ira sentimental de homens que, não infrequentemente, causaram eles mesmos muitos infortúnios a outrem e agiram com brutalidade, e que são grandes procriadores e negligenciadores de crianças.

O sentimentalismo é o progenitor, o avô e a parteira da brutalidade.

---

[32] Havia uma conexão entre linchamentos e sentimentalismo até no sul dos Estados Unidos. A feminilidade branca era colocada num altar para o culto do sentimental, que, sem dúvida, com frequência agia de maneira menos do que cavalheiresca diante de um indivíduo da espécie nas proximidades de sua casa.

1. O Sentimentalismo

Recentemente entrei numa filial da WH Smith[1] numa cidadezinha mercantil da Inglaterra rural. A seleção de livros não era grande nem impressionante, para dizer o mínimo; não havia nada que remotamente pudesse ser chamado de clássico à venda. Os habitantes claramente não tinham interesses intelectuais. Por outro lado, havia uma seção relativamente grande dedicada a um gênero literário que anteriormente eu tinha ignorado: Histórias de Vida Trágicas.

Eu estava ciente da existência de um novo gênero literário a respeito da experiência da doença. Certa vez, uma revista americana enviou-me sete livros do gênero de uma só vez para que eu os resenhasse, incluindo o relato de uma senhora de meia-idade sobre sua colostomia. O livro não se pretendia uma reunião de conselhos práticos para aqueles infelizes que estão prestes a passar eles mesmos por uma colostomia: não é difícil perceber a necessidade de um livro desses. Se eu mesmo estivesse prestes a fazer uma colostomia, acharia a experiência alheia útil para guiar-me naquilo que deve ser uma transição difícil e dolorosa. Não: o livro era voltado para o público em geral, isso é, não colostomizado. Ao que parece, hoje em dia muita gente adora ficar

---
[1] Rede de lojas que vende livros e revistas em estações de trem, aeroportos e hospitais. (N. E.)

lendo sobre as doenças dos outros: afinal, quando a pequena mudança na vida dos outros é projetada na esfera pública, em livros ou na TV, todos se sentem mais seguros da importância da sua própria vida. A importância foi democratizada, ou ao menos "demotizada": agora todos somos importantes.

Nos Estados Unidos, esse gênero literário é chamado de Literatura de Vida, e é possível fazer cursos universitários inteiros a respeito dele. Nos departamentos de Letras, o estudo da literatura sobre colostomias e afins obviamente tem seu devido lugar de assunto digno, junto da comédia da Restauração e do romance do século XIX. Uma amiga minha, que foi a última pessoa a ver Sylvia Plath viva antes de seu suicídio, mandou-me o programa de um colóquio sobre a poetisa em Oxford a que foi convidada a participar, e, entre os trabalhos, havia um de um professor americano que tinha "usado teorias pós-modernas da corporificação para examinar as representações literárias contemporâneas do câncer no seio, no útero e nos ovários".

Mas até minha visita à WH Smith na cidadezinha mencionada há pouco, eu ignorava completamente a existência do gênero literário de Histórias de Vida Trágicas. Eu conhecia essas histórias em si mesmas, naturalmente; de fato, em minha prática médica eu pouco encontrei de diferente, ainda que as pessoas tenham contribuído muito para suas próprias tragédias. Além disso, sem a tragédia, a literatura ficaria muito empobrecida, e talvez nem existisse, porque a necessidade dela desapareceria.

Contudo, nunca antes eu tinha visto livros classificados daquele jeito, e a novidade do arranjo certamente nos diz algo a respeito de nosso Zeitgeist atual, assim como a classificação de livros pela raça, pelo sexo ou pelas práticas sexuais de seus autores.

Os títulos dos livros na seção de Histórias de Vida Trágicas também nos dizem algo a respeito do que um número substancial de pessoas, ao menos, está procurando neste momento em suas horas de lazer. (Presumo, é claro, que a WH Smith sabe o que seus clientes estão procurando, o que pode não ser o caso. As grandes empresas são burocracias, e más decisões ficam escondidas nos resultados gerais.) Aqui, porém, está uma seleção dos títulos:

— *Papai, Não, Por Favor*
— *Crianças do Ocaso*
— *A Filhinha do Papai: A Mãe Não a Amava o Bastante, o Pai a Amava Demais*
— *A Última Canção do Último Bonde: As Memórias, para Aquecer e Partir o Coração, do Amor de uma Mãe e do Abuso de um Pai*
— *Frágil*
— *Alguém para Cuidar: A Verdadeira História de um Sobrevivente Assombrado pelos Demônios do Abuso*
— *Sozinha: A História de Partir o Coração de Uma Criança Negligenciada*
— *Meu nome é Anjo: A História Traumática de uma Fuga das Ruas e da Construção de uma Nova Vida*
— *O País do Coração: Como uma Criança Solitária Apaixonou-se por um Monstro*
— *Fugindo do Diabo: Como Sobrevivi a Uma Infância Roubada*
— *O Pequeno Prisioneiro: Como uma Infância foi Roubada e a Confiança Foi Traída*
— *O Enteado: A História de Uma Infância Destroçada*
— *Oculta: Traída, Explorada e Esquecida*
— *O Desafio do Papai: A Verdadeira História de um Pai Aprendendo a Amar Seu Filho*
— *Que Menina Mais Linda: Prometeram a Meredith Nove Anos de Segurança e Só Deram Três*
— *Abandonada: Uma Garotinha Desesperada por Amor*
— *Atrás de Portas Fechadas: Uma História Verdadeira de Negligência e de Sobrevivência Contra as Probabilidades*
— *Não Conte à Mamãe: A Verdadeira História da Maior Traição*
— *Nosso Segredinho: O Abuso de Um Pai, A Vida Destruída de Um Filho*
— *Garotinha Perdida: Uma História Verdadeira e Forte de Sobrevivência do Inimaginável*

Não inteiramente por coincidência, suspeito, a seção de Histórias de Vida Trágicas estava imediatamente ao lado da seção dedicada a Histórias de Crimes Verdadeiros. Eis aqui, mais do que em qualquer outro lugar, uma afinidade eletiva. Afinal, para que haja histórias de vida trágicas para fazer chorar é preciso que haja, numa relação parasítica, a brutalidade daqueles que tornam trágicas as histórias de vida. Se as capas das Histórias de Vida Trágicas (muitas das quais, aliás, estavam na enésima edição) vinham predominantemente em tons pastel, de *boudoir*, com fotos de criancinhas cobrindo os rostos lacrimosos ou suplicantes, as capas dos "crimes verdadeiros" vinham em preto e vermelho bem sensacionalista e tinham fotos de homens brutais encarando o leitor, de cabeça raspada, do tipo que a Grã-Bretanha produz em quantidades maiores do que qualquer outro país, e que, a propósito, são indistinguíveis (como um visitante sueco recentemente observou para mim) dos rostos que enfeitam as capas de muitas autobiografias de jogadores de futebol. De todo modo, um título será suficiente, espero, para dar uma ideia do sabor do gênero:

Capítulo 6: Uma bala na hora certa salva nove (ainda bem que o mal não acaba nunca)

Saí da WH Smith com a sensação de que tinha mergulhado numa mistura de xarope e sangue, como se precisasse de uma boa chuveirada para lavá-la. Mas, antes de tomá-la, comprei alguns jornais – o primeiro, local, e o segundo, nacional.

A principal notícia do primeiro falava de um pai que num acesso de fúria exigia desculpas de um supermercado local:

> Um pai está furioso com o supermercado da cidade após sua filha ter encontrado um pé de galinha no assado que comeu no jantar.
> Sua filha afastou um pouco do molho para o lado do prato e descobriu a garra... e começou a chorar.
> "Ele foi cozinhado e acabou chegando no prato da minha filha. Ela quase morreu de susto. Agora não quer mais comer nenhuma carne."
> "Todos os nossos jantares foram totalmente perdidos."
> "Tudo que usamos foi a carne do peito, por isso não sabemos como o pé chegou ali."
> "Minha filha tem 11 anos, ela abriu um berreiro, isso acabou com tudo, e o jantar de todo mundo foi janela afora."
> "Tivemos de jogar tudo fora porque houve uma certa agitação."

Esse pequeno incidente é instrutivo sob diversos aspectos, não só pelo extremismo da emoção, ou ao menos pelo extremismo da expressão da emoção, ocasionado por algo que é no máximo um aborrecimento muito pequeno (afinal, os pés de galinha são uma iguaria em algumas cozinhas, incluindo aquelas que são infinitamente mais refinadas do que qualquer uma que a jovem mocinha provavelmente já conheceu).

Contudo, o aspecto mais significativo da história, presumindo-se que seja verdade, é que a menina controlava os pais, e não os pais a menina. Era ela, e não eles, quem determinava o que acontecia na casa. Em vez de tentar acalmar sua histeria, seja consolando-a ou disciplinando-a, seus pais tomaram parte nela e, ao fazê-lo, provavelmente aumentaram-na ainda mais.

Eles estavam efetivamente transferindo o *locus* de autoridade emocional, moral e intelectual de si para sua filha. *Locus*, eles admitiam que ela é que era a devida juíza de como reagir a um choque banal, e que a única maneira como eles podiam demonstrar seu amor a ela seria reagindo precisamente do mesmo jeito. Não houve orientação, muito menos correção.

Por que não? Ainda que uma família que jogue coletivamente seu jantar janela afora, metafórica ou literalmente (e não se pode excluir totalmente a segunda hipótese, a julgar pelo estado das ruas e dos jardins britânicos), por causa de alguns gritos histéricos por parte de uma criança de onze anos, ao que tudo indica não vá refletir profundamente, se é que chegará a refletir, sobre a maneira como se deve viver a vida, isso não significa que ela escape integralmente da influência de ideias abstratas, as quais ela absorve de maneira rudimentar. E entre essas ideias provavelmente está a bondade intrínseca e espontânea das crianças antes de elas terem sido deformadas ou corrompidas pelo condicionamento social, assim como a necessidade vital da expressão exterior, visível e audível, da emoção. Ter exigido que a criança se controlasse, que ela tentasse enxergar a situação nas suas proporções e agisse de acordo em nome do decoro e da conveniência alheia, teria, portanto, sido o equivalente a inibi-la, a dirigir suas emoções perigosamente para dentro. Como as crianças são intrínseca e naturalmente boas, são elas, e não os adultos, que são as autoridades morais definitivas, ainda que uma importante condição precise ser cumprida: elas não podem ser ensinadas a controlar-se artificialmente. Além disso, a única maneira de se demonstrar verdadeira simpatia por outra pessoa, inclusive pelo próprio filho, é enxergar as coisas exatamente de seu ponto de vista, na medida em que enxergá-las desde qualquer outro ponto de vista é, ao menos potencialmente, uma crítica. E apenas monstros de intolerância julgam outras pessoas, qualquer que seja sua idade.

Não é preciso dizer que não se deve procurar coerência na visão de mundo nem dos intelectuais mais estudiosos e logicamente escrupulosos, e muito menos na dos defenestradores de jantares, e é possível que tenha havido outros aspectos na reação dos pais à suposta aflição da filha. Por que, por exemplo, o pai não teve a menor dificuldade em fazer um severo julgamento moral sobre o supermercado que vendeu o frango com o pé, mas não fez comentário nenhum sobre o descuido da esposa, que, aparentemente, era responsável pelo erro muito mais grosseiro e fácil de evitar, de servir a dita extremidade aviária à filha? Espero não ser acusado de cinismo quando eu sugerir que a possibilidade de reembolso e de indenização por parte do supermercado tenha tido algo a ver com a diferença na reação. O pai dificilmente poderia exigir uma indenização da esposa em nome da filha; já o supermercado, com seus imensos recursos econômicos, era um alvo fácil para aquilo que não passava de chantagem moral.

Todo médico que já escreveu relatórios sobre pessoas que alegam ter sido prejudicadas pelo erro ou pela negligência de uma pessoa ou organização que vale um processo já ouviu a frase "Isso arruinou minha vida, doutor". Claro que, às vezes, vidas são realmente arruinadas pela negligência ou pela pura e simples maldade alheia, ainda que nesses casos os autores dos processos raramente exagerem, pela óbvia razão de que não precisam disso. Suas vidas estão genuinamente arruinadas. Contudo, um fato lamentável da natureza humana está em que, quando as pessoas têm um incentivo financeiro para ampliar a aflição que sentem, elas vão ampliá-lo; às vezes, por tanto tempo, na verdade (considerando a lentidão da lei), que aquilo que tinha começado como um sofrimento falso ou ao menos grosseiramente exagerado acaba se tornando um sofrimento real e verdadeiro. Infelizmente, nosso sistema profundamente corrupto – ou apenas sentimental? – de direito civil não faz qualquer distinção entre esses dois tipos de sofrimento, atribuindo ambos ao dano original. Os advogados, afinal, precisam de clientes, autores e réus, com grandes somas em dinheiro em jogo.

Em suma, a resposta dos pais à reação da filha a um choque bastante trivial (presumindo que não estejam inventando a história inteira) foi provavelmente provocada, ao menos em parte, pela esperança de indenização, a forma moderna de alquimia que transforma a aflição em ouro. E a motivação exagerada logo se torna um hábito, é todo um modo de vida.

Também não devemos subestimar o papel do tédio na produção da emoção exagerada: afinal, que é a vida humana sem drama? A escala de uma vida em que encontrar um pé de galinha numa galinha assada (talvez um dia os geneticistas inventem uma galinha sem pés, assim evitando o problema para os supermercados) pode ser imaginada com facilidade; nessa existência, fazer pirraça há de ser a garantia da importância e do significado da vida.

Para obter o efeito desejado, a matéria no jornal local dependia de outro pressuposto tácito e amplamente aceito, mas profundamente sentimental: a saber, que em qualquer conflito entre uma grande organização e um indivíduo, a organização deve ser culpada e o indivíduo deve ter sido maltratado. Agora, claro que não devemos cair na ideia exatamente oposta, e igualmente sentimental, de que as grandes organizações comerciais tão-somente servem o público e não podem fazer o mal porque operam num mercado. Talvez haja algumas pessoas que acreditem nisso, mas elas podem ser rapidamente excluídas do reino dos sãos.

Porém, considerando que todos nós tivemos em nossas vidas cotidianas a experiência da maneira cruel, mesquinha e desonesta com a qual os seres humanos, incluindo nós mesmos, às vezes nos tratamos enquanto indivíduos, certamente a credibilidade é forçada a supor que esses mesmos seres humanos, com toda a sua capacidade de ganância e de mendacidade, subitamente fiquem puros como a neve e sinceros como George Washington em seu relacionamento com as grandes organizações. Contudo, é precisamente essa premissa absurda que o autor da notícia presumiu que seus leitores aceitariam sem questionar.

Não é possível concluir a partir das estantes de uma livraria em uma cidadezinha, ou de uma notícia em um jornal local menor, que todo um país de 60 milhões de habitantes, como a Grã-Bretanha, tenha submergido, ou esteja submergindo, num fétido pântano de sentimentalismo, cujos correlatos estéticos, intelectuais e morais são a desonestidade, a vulgaridade e a barbárie; mas, fosse este o caso, como afirmo que seja, a observação desse fato teria de começar em algum lugar. E é mais fácil encontrar indícios que o confirmam do que o contrário. Nenhum fenômeno social, por mais bem atestado que seja, é uniforme: se eu disser que os holandeses hoje são o povo mais alto do mundo, não quero dizer que cada um deles tenha mais de dois metros. A resposta às bombas em Londres em julho de 2005, plantadas por fanáticos muçulmanos, foi admiravelmente contida e estoica, em conformidade com uma tradição anterior; isso, porém, não significa que um emocionalismo infantil e descontrolado não seja hoje um traço cada vez mais forte da vida e do caráter de nossa nação.

Certamente, a transferência de autoridade moral do adulto para a criança não se limita a impulsivos defenestradores de jantares. Uma mudança semântica ilustra isso muito bem. A palavra "pupilo" hoje praticamente nunca é usada para referir crianças na escola; toda criança é um "estudante" desde a hora em que entra no jardim de infância. Antigamente, a transição de pupilo para estudante costumava ser importante, quase efetivamente uma metamorfose, ou, pelo menos, um rito de passagem. Um pupilo dependia muito do professor para aquilo que aprendia, e o professor decidia o que era necessário que o aluno aprendesse; por contraste, um estudante, tendo dominado certas capacidades básicas e adquirido, em certa medida pela repetição, um arcabouço de conhecimento preparado pelos mais velhos e superiores, era mais autodirigido em seu aprendizado. Ele não adquiria autoridade independente sobre aquilo que aprendia meramente por respirar; ele a adquiria por força de suas realizações comprovadas.

Um amigo meu foi durante um tempo professor de crianças com sérias deficiências mentais. Sua digna tarefa consistia em treiná-las para que se tornassem tão independentes quanto possível. Ele lhes ensinava a fazer coisas como abotoar a camisa e colocar os sapatos. Um dia, veio uma diretiva do órgão governamental local que o empregava: dali em diante, as crianças com sérias deficiências seriam chamadas de "estudantes".

A diretiva era ao mesmo tempo absurda, pretensiosa, sentimental, linguisticamente empobrecedora e insultuosa: uma combinação não tão fácil de obter num compasso tão breve. Ela era absurda, pretensiosa e sentimental porque supunha que duras realidades – nesse caso, as profundas deficiências de algumas crianças desafortunadas – poderiam ser fundamentalmente alteradas, de forma desejável, por um mero *fiat* burocrático.

O decreto era linguisticamente empobrecedor porque tornava as distinções entre categorias diferentes de pessoas um pouco mais difíceis de expressar. Se um garoto de quinze anos que se esforça para aprender a abotoar a camisa é um estudante, como vamos chamar um rapaz que estuda física ou letras clássicas numa universidade? Se ele também é um estudante, o que efetivamente é transmitido pela palavra estudante? Assim, uma palavra passa a incluir coisas demais e a significar coisas de menos, e o hábito de insinuar falsidades enquanto se suprime a verdade é sutilmente inculcado em toda uma população.

O decreto era insultuoso por causa de sua justificativa declarada, a saber, que o uso da palavra "estudante" aumentaria o respeito por aqueles com graves deficiências, e assim melhoraria a maneira como eles eram tratados, dando a entender que previamente eles eram maltratados, e que o trabalho feito até ali por aqueles obrigados pelo decreto era não falho por si só, mas moralmente falho.

Talvez você pense que a troca de pupilo por estudante seja apenas uma pequena mudança lexical, que sempre ocorreu em todos os idiomas. Afinal, linguagem nenhuma pode permanecer estática em seus usos, como, aliás, não permanece nem devia permanecer. Confúcio deu a resposta a essa objeção milhares de anos atrás:

> Se a linguagem não é correta, então aquilo que se diz não é o que se quer dizer; se o que se diz não é o que se quer dizer, então o que deve ser feito permanece por fazer; se isso permanece por fazer, a moral e a arte vão deteriorar-se; se a justiça se perder, as pessoas ficarão confusas. Por isso, não deve haver qualquer arbitrariedade naquilo que se diz. Isso é mais importante do que tudo.

A reforma da linguagem proposta por Confúcio – na verdade, um retorno do alinhamento original da denotação das palavras com sua conotação – tomava a direção da verdade, com o propósito de conhecê-la.

As tentativas modernas de reforma da linguagem, por outro lado, são tentativas de realizar um fim político, normalmente utópico, e, portanto, ao mesmo tempo romântico e sentimental: um fim que ao mesmo tempo se deseja – ou que ao menos se diz desejar – e que se sabe não ser possível. Trata-se, portanto, de uma ferramenta permanentemente útil, mas desonesta para aqueles que buscam o poder. O sentimentalismo é o aliado da megalomania e da corrupção.

O segundo jornal que comprei naquele dia foi um famoso periódico dominical, lido por muitos intelectuais britânicos. Seu principal artigo tratava do plano do partido de oposição para a educação, segundo o qual praticamente todas as crianças, excetuando aquelas com sérias deficiências mentais, deveriam e iriam, graças a seu benevolente mandado, ser capazes de ler com a idade de seis anos.

Há muitas objeções possíveis, de validade variada, para essa proposta, mas uma, vinda de um membro da Associação Nacional de Diretores de Escolas Primárias, chamou minha atenção. Ele disse: "Uma das piores coisas que se pode fazer com uma criança muito nova é dar-lhe a impressão de que ela não pode fazer alguma coisa. Isso pode fazer com que ela perca o entusiasmo por muito tempo, se não para sempre".

Eis aí palavras enganosas, porque são tanto passíveis de uma interpretação sentimental quanto de uma interpretação que contenha uma verdade. O hábito de humilhar crianças de maneira sádica na frente de seus pares pelos erros que cometerem em alguma tarefa, dizendo-lhes que são burras ou incapazes de fazer melhor, é, obviamente, senão "uma das piores coisas que se pode fazer com uma criança muito nova" (tendo em vista o repertório assaz considerável da crueldade humana), algo realmente muito mau. É fácil imaginar como essa humilhação, especialmente se repetida, pode minar a confiança de uma criança a tal ponto que ela desiste de tentar.

Infelizmente, esse princípio pedagógico deveras óbvio foi às vezes estendido ao ponto em que qualquer crítica aos esforços da criança deve ser evitada pela mesma razão. Segundo essa perspectiva, é mais importante incentivar a autoestima de uma criança (que não passa do respeito próprio sentimentalizado ideologicamente) não tirando pontos do seu exercício do que garantir, corrigindo-a, que ela domine uma capacidade ou um conhecimento importante. Isso supõe que as crianças são psicologicamente tão frágeis que não podem suportar praticamente nada em termos de correção, e que não sentem um imenso prazer em ser capazes de fazer bem aquilo que anteriormente sequer conseguiam fazer. Não há prazer no domínio, afirma essa ideologia, mas apenas na autossatisfação acrítica.

Não estou criando um bode expiatório para poder bater nele com facilidade. Pouca dúvida há em que, apesar do gasto de imensas somas na educação (quatro vezes mais por cabeça do que em 1950), os padrões de letramento no país não aumentaram, e talvez tenham até diminuído. Certamente, caíram na ponta superior do espectro educacional. Não apenas os empregadores hoje reclamam de formados incapazes de escrever uma simples carta; não apenas um palestrante do Imperial College recentemente observou que os alunos estrangeiros muitas vezes escrevem num inglês melhor – ainda que não seja sua língua nativa e, às vezes, nem sua segunda língua – do que os alunos britânicos. Não apenas observei que hoje os médicos cometem muito mais erros de ortografia em suas notas do que antes, como também um amigo meu, que dá aula de História em Oxford, está sob instruções específicas das autoridades para não tirar pontos dos alunos por erros de gramática, de ortografia e de estilo. Se ele fosse tirar esses pontos, como outrora teria feito, bons diplomas seriam concedidos com frequência muito menor do que são. Mas, pelo menos, a autoestima dos alunos está sendo preservada.

Fortes correntes intelectuais alimentam o Grande Mar Sargaço do sentimentalismo moderno em torno de crianças. Mal chega a ser necessário mencionar a influência de Jean-Jacques Rousseau a esse respeito. Sua influência foi profunda, ainda que difícil de quantificar com a precisão exigida por aqueles que esquecem a máxima de Einstein de que nem tudo que é mensurável é importante, ao passo que nem tudo que é importante é mensurável. Rousseau ensinava ao mundo aquilo que ele adorava ouvir, isto é, que o homem nasce bom, e eram só os efeitos da sociedade que o tornavam mau. Em *Emílio*, portanto, ele aconselhava os pais a permitir ao corpo da criança mais nova seus hábitos naturais, assim "acostumando-o a sempre ser seu próprio senhor, e a seguir os ditames de sua vontade assim que tiver uma vontade própria": sua vontade, ainda não contaminada pelas deformações da pressão e da convenção social, sempre o levaria a fazer o que era certo. Não apenas a notícia de que somos todos bons por natureza é extremamente gratificante, por sugerir que todas as nossas culpas não nos pertencem sob nenhum aspecto, devendo todas ser atribuídas a algo externo a nós, como o conselho de permitir que a criança sempre siga os ditames de sua vontade é extremamente conveniente para famílias ocupadas, em que pai e mãe trabalham e voltam para casa todos os dias num estado de exaustão, sem querer negar a seus pequenos seus desejos caso eles comecem a berrar. O devido disciplinamento de crianças demanda juízo; o juízo demanda reflexão; a reflexão demanda energia; e todos estão exauridos. Assim, uma regra geral permissiva é exatamente o que o médico mandou. O fato de que aquele que paga o *Danegeld* nunca fica livre do dinamarquês tem pouca importância na compra de uma hora de paz tão necessária e desejada.[2]

Existem outras fontes, mais recentes, de sentimentalismo em torno de crianças. Por exemplo, Steven Pinker, psicólogo de Harvard, zomba constantemente em seu best-seller O *Instinto da Linguagem* daquilo que chama de "professorinhas antiquadas", isto é, aquelas pessoas que acreditam que a linguagem que as crianças desenvolvem espontaneamente deve ser refinada e corrigida, ao menos caso haja a expectativa de que elas participem na vida intelectual do mundo. Observando que todas as crianças aprendem a linguagem sem que ela lhes seja ensinada, que todas as formas de linguagem, incluindo o *patois* das favelas, estão obrigadas a regras gramaticais de igual regularidade, e, mais ainda, que todas as formas de linguagem são capazes de expressar abstrações, Pinker chega à conclusão de que aqueles que tentam ensinar uma língua padrão a uma criança, como a língua em que ele mesmo escreve, por meio da correção e da inculcação, na melhor das hipóteses estão equivocados, e na pior das hipóteses têm má intenção, instrumentos conscientes ou inconscientes da perpetuação de uma hierarquia social, já que (aqui ele cita com aprovação

---

[2] *Danegeld* era um imposto cobrado na Idade Média inglesa para a proteção contra os invasores dinamarqueses. (N. T.)

um aforismo famoso na área da linguística) uma língua padrão é apenas uma língua com um exército e uma marinha.

Segue-se daí que as crianças chegam à escola falando uma língua que ou é, ou espontaneamente se tornará, adequada às suas necessidades, e tentar melhorá-la é na melhor das hipóteses sem sentido e, na pior, prejudicial e cruel. A autoridade sobre a linguagem é assim transferida dos adultos, em geral, e dos professores, em particular, para as próprias crianças, cuja autoridade nesses assuntos é uma consequência natural da maneira como a linguagem se desenvolve. Mal chega a ser necessário observar que nenhuma ideia "centrada nas crianças" poderia ser mais bem adaptada para garantir que as crianças das piores áreas das nossas cidades não apenas fiquem onde estão física e socialmente, mas também mentalmente. E centrar-se nas crianças é uma forma de sentimentalismo.

Prosseguindo na leitura do jornal, lê-se, sob a manchete "Cardeal Insta à Reforma Prisional", que o cardeal Cormac Murphy-O'Connor, arcebispo de Westminster, "hoje dirá que houve um aumento escandaloso no nível de suicídios prisionais por causa da lotação excessiva das prisões. O sistema está inchado, a ponto de estourar, e a crise de superlotação regularmente aparece nas manchetes de nossos boletins de notícias. Suas observações coincidem com o Domingo dos Prisioneiros, um dia escolhido para reflexões e orações por todos aqueles envolvidos no sistema prisional".

Houve, é verdade, um aumento de 67 suicídios em prisões em 2006 para 78 nos primeiros onze meses de 2007. Contudo, a cifra para 2006 era ela própria a mais baixa em dez anos, apesar de um aumento no número total de prisioneiros, e também da superlotação.

Há pouca dúvida de que a tendência do artigo, e provavelmente sua intenção, fosse instigar uma certa emoção – outra vez – cujo efeito, senão sua intenção, era convencer a pessoa que a sentia de que ela possuía sensibilidade e compaixão superiores. Como era terrível que 78 rapazes se sentissem tão angustiados que se mataram, e como é terrível o sistema que os levou a isso! E como eu devo ser uma pessoa boa por me comover tanto com isso! (Como o texto inteiro daquilo que o cardeal disse não foi divulgado, mas apenas as palavras citadas acima, seria injusto acusá-lo de qualquer coisa, exceto de superficialidade no uso de estatísticas.)

Esse tipo de emocionalismo muitas vezes anda junto com a questão de crime e castigo na Grã-Bretanha atual. No dia em que o governo anunciou a construção de algumas prisões novas, não muito depois de o cardeal ter feito suas observações, outro jornal preferido pelas classes intelectuais dedicou sua primeira página inteira a estatísticas emocionais, com a manchete "O Verdadeiro Escândalo dos Números das Prisões". Eis alguns dos números escandalosos:

> 81.455: população carcerária da Inglaterra e do País de Gales
> 12.275: número de prisioneiros de minorias étnicas
> 148 por 100 mil: taxa de encarceramento na Inglaterra e no País de Gales, a mais alta de toda a Europa ocidental
> 64%: taxa de infratores reincidentes dois anos após a libertação
> 76%: taxa de reincidência para menores infratores
> 70%: prisioneiros que chegam com vício em drogas

O *frisson* da emoção supostamente virtuosa para exibição e consumo público, ou sentimentalismo, aqui é criado pela fuga deliberada da complexidade, e pelo evitamento da reflexão a respeito de realidades desagradáveis. De fato, seria necessário um livro inteiro para elucidar todas as evasões sentimentais contidas naquela única página de um único jornal num único dia: raras vezes os recursos retóricos de *suppressio veri* (supressão da verdade) e *suggestio falsi* (implicação de uma falsidade) foram usados de maneira tão concentrada.

Não tentarei nada exaustivo: isso também seria exaustivo. Apenas observarei alguns defeitos óbvios dessa maneira de apresentar os problemas (todos a serviço do sentimentalismo).

Os dois números absolutos, de prisioneiros na Inglaterra e no País de Gales, e de prisioneiros de minorias étnicas, são apresentados como numeradores sem quaisquer denominadores. Isso sugere que os números absolutos são mais importantes do que os números em relação a alguma outra coisa. Basta pensar um momento para que se veja que não pode ser assim.

Suponha que crime nenhum jamais tenha sido cometido na Inglaterra e no País de Gales. Suponha também que um homem esteja na prisão. Isso seria um ultraje e uma grave injustiça, ainda que o número total de prisioneiros fosse extremamente baixo, pela óbvia razão de que o homem preso deve ser inocente de qualquer crime. Isso prova aquilo que não deveria precisar de prova, isto é, que não existe, nem pode existir, um número correto ou ideal de prisioneiros relativo a nenhuma outra consideração. E a outra consideração (peço desculpas por dizer algo tão óbvio) é o número de crimes cometido. Assim, sentir ultraje a partir de um número absoluto é entregar-se ao mero sentimentalismo.

O mesmo argumento vale para o número de pessoas de minorias étnicas que estão encarceradas. É possível, claro, que o número seja fruto do preconceito racial ou da xenofobia do sistema de justiça criminal; contudo, nada há no número em si que prove ou que sequer sugira isso. Não apenas a proporção de minorias étnicas na população em geral não é apresentada, como a proporção e a gravidade dos crimes cometidos por elas não são dadas. Um relatório recente, que dizia que metade dos homicídios praticados em Londres no ano passado foram cometidos por estrangeiros, sugere que essa questão tem certa relevância estatística. Porém, outra vez, o leitor é convidado a atiçar a brasa da sua indignação de santarrão (que muitas vezes não passa de sentimentalismo em sua fase irada, e é sempre gratificante) a partir de um único número absoluto.

Quando um denominador aparece, obviamente é um denominador errado. O exemplo anterior pode novamente ser usado para demonstrar isso. Se crime nenhum jamais tivesse sido cometido na Inglaterra e no País de Gales, e, no entanto, houvesse quinhentos prisioneiros nos dois países, a Inglaterra e o País de Gales teriam não a mais alta taxa de encarceramento da Europa ocidental, mas a mais baixa; contudo, acredito que todos concordariam que esse fato por si de modo algum absolveria o sistema de justiça criminal de ter cometido a maior das injustiças. Uma alta taxa de encarceramento não pode, por si, também constituir evidência de injustiça.

É óbvio, portanto, que um denominador mais informativo (e, ouso dizer, intelectualmente mais honesto) deveria ter sido usado. A cifra usada não deveria ter sido a taxa de encarceramento na Inglaterra e no País de Gales por cada 100 mil habitantes, mas a taxa de encarceramento por cada 100 mil crimes cometidos, ou talvez por cada 100 mil condenações. Quanto à primeira, a taxa de encarceramento por crimes cometidos, a cifra conta uma história bem diferente daquela sugerida pela primeira página do jornal: a Inglaterra e o País de Gales estão mais ou menos no meio da faixa europeia. E se a Inglaterra e o País de Gales prendessem criminosos como eles são presos na Espanha, pelas mesmas razões, não haveria 80 mil prisioneiros, mas cerca de 350 mil ou 400 mil.

Em outras palavras, a Espanha tem um número menor de prisioneiros por cada 100 mil habitantes porque lá ocorrem menos crimes que na Grã-Bretanha. Pode-se argumentar a respeito do papel do encarceramento em manter as coisas desse jeito; contudo, o que não se deve dizer, e não se deveria dar a entender, é que o sistema de justiça criminal na Inglaterra e no País de Gales é particularmente severo ou punitivo. Outra vez, uma cifra foi usada para gratificar o leitor com uma emoção irrefletida.

A taxa dada para reincidentes em dois anos após a libertação vale somente para penas curtas de um ano ou menos, fato omitido não por acidente.[3] Há fortes indícios presuntivos, cuja disseminação geral do Home Office[4] se esforça para impedir, de que, quanto mais longa a pena, menor a taxa de recondenação. A taxa de 64% de reincidência aparece para dar a entender automaticamente ao bem-pensante que o encarceramento é inútil; mas basta pensar um momento – o que simplesmente se presume que o bem-pensante não fará – para que se veja que a cifra é pelo menos

---

[3] Aqui o jornal pode na verdade estar minimizando seu próprio argumento, ainda que, acho eu, por razões perversas. A cifra de 64% refere-se à taxa de recondenações, não reinfrações; e como a taxa de resolução de todos os crimes é de 5,5%, é justo supor que a verdadeira taxa de reincidência após a libertação, caso os prisioneiros soltos sejam criminosos medianamente competentes perseguidos por policiais medianamente incompetentes (o que, é claro, eles talvez não sejam), está mais próxima de 100% do que de 64%. Essa conclusão é, ainda, reforçada pelo fato de que muitos crimes, talvez metade, não são registrados, e que a taxa de resolução é exagerada pela prestidigitação da polícia. Contudo, a taxa de resolução abissalmente baixa não harmoniza com o tom emocional da mensagem do jornal, e é por isto que ele fica com a taxa de reincidência, isto é, de recondenação, de "apenas" 64%. Para reincidente, leia-se recondenado, a coisa é bem diferente.

[4] O Home Office inglês tem atribuições semelhantes à do Ministério da Justiça brasileiro, mas não é atualmente responsável pelo sistema prisional. (N. T.)

tão indicativa da necessidade de penas mais longas quanto da inutilidade do encarceramento. É a libertação prematura, não o encarceramento em si, que é inútil e nociva.

Há uma omissão de um fato altamente relevante que acabaria com o efeito retórico da cifra de 64% de reincidentes: a saber, que a cifra de reincidência para todos os tipos de penas não prisionais é igualmente alta, ou mais alta, ainda que (espera-se) aqueles que recebem penas não prisionais sejam criminosos menos inveterados do que aqueles que recebem penas prisionais e tenham, portanto, menos chances de reincidir. Além disso, enquanto a taxa de reincidência para os libertados da prisão é calculada a partir da data de sua libertação, a taxa de reincidência para aqueles que recebem penas não prisionais é calculada a partir da data em que a pena é imposta. Em outras palavras, as autoridades, em sua apresentação das estatísticas, automaticamente descartam o efeito protetor e preventivo do encarceramento enquanto ele acontece – os prisioneiros ficam impossibilitados de cometer infrações contra o público enquanto estão na prisão. Além disso, um reincidente tem o mesmo peso na taxa de reincidência quer reincida (isto é, seja pego) apenas uma vez em dois anos ou cem vezes a cada dois anos. É fácil ver, portanto, que é altamente provável que muitas centenas de milhares de crimes sejam cometidos todo ano por criminosos condenados que já estão cumprindo penas não prisionais. De fato, sabe-se que pelo menos cinquenta homicídios por ano são cometidos por eles – homicídios a que o arcebispo de Westminster deve ter se referido em suas observações sobre os suicídios na prisão. Afinal, se o suicídio serve para tornar a prisão inaceitável, então, pelo mesmo critério, o homicídio torna inaceitáveis as alternativas à prisão. No mínimo, é preciso uma reflexão profunda para resolver essas questões; um calorzinho de sentimentalismo autocongratulatório, alimentado por estatísticas que, ainda que não sejam exatamente falsas, foram selecionadas com o cuidado de um criador de cães com pedigree, não basta, e é, na verdade, um impedimento a essa reflexão.

A implicação da estatística de que 70% dos prisioneiros "chegam [à prisão] com vício em drogas" tem, naturalmente, o propósito de dar a entender que eles não são moralmente responsáveis por seus crimes porque sua condição, ou doença, "fez" com que eles cometessem aqueles crimes. Ninguém quer ou pode evitar ficar doente; 70% dos prisioneiros, portanto, estão, por definição, indevidamente encarcerados. Que generosidade a nossa em reconhecer isso e em ficarmos ultrajados com o mal perpetrado contra eles!

Contudo, essa visão do problema é amplamente sentimental. Foi Aristóteles quem disse que um homem que cometesse um delito enquanto estivesse intoxicado era duplamente culpado: primeiro, do delito em si, e, segundo, de ter-se intoxicado. (Essa visão precisa ser um pouco modificada ou refinada. Faz parte da experiência de muitos médicos que pacientes tenham agido de maneira bizarra ou ilegal sob o efeito de um medicamento que lhes fora receitado e que eles não tinham razão para supor que faria com que assim agissem. Certa vez, participei de um processo exatamente como esse, em que me perturbou a maneira como o juiz parecia quase ignorar os efeitos comportamentais involuntários e imprevisíveis de uma droga que o acusado, de bons antecedentes, tinha tomado por sugestão de seu médico.)

Estamos absolutamente acostumados à ideia de que a embriaguez de um homem, mesmo que ele seja alcoólatra, não justifica seu comportamento violento, não importando quanta simpatia tenhamos por ele em particular quando está sóbrio. Por que achamos que pessoas com "vício em drogas" devem ser tratadas de maneira diferente dos bêbados?

Além disso, se o argumento é que um homem é incapaz de evitar suas más ações e crimes por causa da doença de que sofre (a conduta louvável, é claro, raramente é explicada como se tivesse uma causa exterior, o que sugere que hoje acreditamos que a bondade intrínseca do homem é um dado: é só o mau comportamento que demanda uma defesa especial), e se é um simples fato que não existem meios para curá-lo, então, ainda que possamos por boas razões suspender nossa condenação moral dele, podemos logicamente concluir que seria necessário, para o bem da sociedade, encarcerá-lo por mais tempo do que se ele fosse apenas um ser humano que errou e que possui uma capacidade normal de aprender com as consequências de seus maus atos. Não há rigorosamente nada no apelo a que alguém seja desculpado por causa da doença que demande lenidade – na verdade, é exatamente o contrário.

Mas, de todo modo, é puro sentimentalismo ver viciados em drogas como vítimas de uma doença.[5] Claro que é verdade que a maioria dos viciados que vão para o crime vêm de origens desfavorecidas; mas se dissermos que essas origens desfavorecidas tornam seu vício inevitável, as mesmas conclusões relacionadas à lenidade podem ser aplicadas, como antes foram em relação à doença como causa da criminalidade.

A maioria dos viciados em heroína usam-na só às vezes por um bom tempo antes de começarem a usá-la regularmente e tornarem-se fisiologicamente viciados nela. Isso é sabido há muito tempo. Assim, não é verdade que eles sejam "viciados" pela heroína, como gostam de dizer (um bom princípio consiste em examinar com cuidado todas as alegações autoexculpatórias de incapacidade), e é puro sentimentalismo acreditar em suas palavras. Pelo contrário, eles se tornam viciados em heroína com algo que só pode ser chamado de determinação, assim como outros se tornam aficionados em vinhos ou em selos.

Também não é verdade que o vício em heroína os leve à criminalidade, como se fosse a força do destino. Pelo contrário: no passado, o vício em heroína mostrou-se perfeitamente compatível com o trabalho regular e uma vida em que a lei é cumprida nos demais aspectos; a maioria dos viciados nas condições britânicas atuais está perfeitamente ciente da vida levada pela maioria dos viciados em heroína antes de eles mesmos experimentarem heroína; uma vida de criminalidade e de vício em heroína envolve esforços econômicos consideráveis que poderiam ser perfeitamente direcionados para canais legais e ademais a grande maioria dos viciados em heroína que são presos tinham extensas fichas criminais antes de usar heroína. Em outras palavras, o que quer que os tenha atraído para o crime provavelmente também os atraiu para a heroína; e é, portanto, puro sentimentalismo vê-los como infelizes movidos por um infortúnio farmacológico para uma vida de crime.

Agora, claro que nem toda discordância coloca uma visão sentimentalista contra outra verdadeiramente compreensiva. Algumas pessoas podem

---

[5] Para uma discussão mais completa desse assunto, ver, de minha autoria, *Junk Medicine: Pharmacological Lies and the Addiction Bureaucracy* [Droga de Medicina: Mentiras Farmacológicas e a Burocracia do Vício]. Harriman House, 2007.

afirmar, por exemplo, que é correto dar heroína de graça aos viciados. Eles podem achar isso não porque esses viciados estão doentes, ou porque são vítimas infelizes de uma doença sobre a qual não têm nenhum controle, mas simplesmente porque, como mero fato empírico, fazê-lo causaria menos mal à sociedade do que não o fazer. Independentemente de isso ser correto ou não, essa ideia não é sentimental; ela não se baseia em nenhuma proposição obviamente falsa cuja principal função seja estabelecer a sensibilidade superior da pessoa que a enuncia.

O efeito das estatísticas aparentemente secas na primeira página do jornal depende, portanto, da suspensão voluntária do pensamento, da reflexão, do questionamento e da racionalidade em prol de uma resposta imediatamente emocional – e isso apesar do fato de que a maioria dos leitores do jornal viria do segmento da sociedade com maior nível de formação. O sentimentalismo não se limita nem a uma situação nem a uma classe social.

Os sinais manifestam-se em muitos lugares. As janelas de trás dos carros, por exemplo, são adornadas com avisos de que há um bebê a bordo, como se a presença de um bebê num carro comandasse cuidados especiais por parte de outros motoristas na vizinhança. Sem dúvida, os seres humanos são programados por natureza para responder de maneira terna e solícita à visão de um bebê (ainda que a história demonstre claramente que é bem fácil passar por cima dessa programação), mas a implicação do aviso é a de que o bebê possui direitos especiais a ser protegido contra a direção perigosa que, digamos, uma pessoa de 36 anos não possui. Esses avisos às vezes trazem até uma sugestão de ameaça – "Afaste-se – bebê a bordo". Isso parece implicar que o motorista do carro com o bebê pode fazer contra você algo violento, ou ao menos agressivo, caso você não "se afaste". A transferência de um pedido de solicitude que é razoável em algumas circunstâncias para uma circunstância em que ele não é razoável é assim transformada em ocasião de ameaça. A sentimentalização do bebê é acompanhada por uma postura agressiva com o resto do mundo.

Não muito tempo atrás, um famoso jogador de futebol, ao fazer um gol, tirou uma boneca em forma de bebê que estava guardando no *short* para aquela ocasião, e colocou-a na boca diante não apenas de dezenas de milhares de espectadores no estádio, mas diante de dezenas e talvez de centenas de milhões de espectadores televisivos. Aparentemente, seu ato pretendia significar que ele tinha "dedicado" seu gol a seu bebê recém--nascido, assim demonstrando seu grande amor por seu bebê. O fato de que um rapaz robusto e atlético de 23 anos, envolvido numa atividade altamente competitiva não usualmente conhecida por seus sentimentos mais sutis, supusesse que não estava se humilhando nem se fazendo ridículo aos olhos de milhões por infantilizar-se daquele jeito, e de que deve ter sido perfeitamente realista em sua suposição, sugere que o sentimentalismo é um fenômeno de massa quase além da crítica e até do comentário.

Demonstrações públicas escancaradas de amor pelos filhos, como tatuar seus nomes no braço, não são, é claro, incompatíveis com negligenciá-los e abandoná-los, claro; na verdade, quando eu era médico e via homens com os nomes dos filhos tatuados no braço, eu podia ter quase certeza de que eles estavam separados da mãe ou das mães de seus filhos, e que raramente os viam, se é que os viam. Claro que é perfeitamente possível que haja números enormes de homens com os nomes dos filhos tatuados nos braços que sejam pais extremamente bondosos e solícitos, mas de algum modo duvido muito; parece-me mais provável que tatuar o nome seja uma substituição para a solicitude, e não um indício dela.

A marcha do sentimentalismo hoje é visível até em nossas estradas e em nossos cemitérios. O hábito de criar santuários florais nos locais de acidentes fatais cresceu muito subitamente – são sempre outras pessoas que têm de limpá-los, quando as flores murcham e viram uma massa marrom dentro de embalagens rasgadas de celofane e constituem apenas mais uma fonte de bagunça no domínio público. Fui ver os buquês no local do acidente fatal de um motorista adolescente, e um dos cartões presos dizia: "Andy, espero que você esteja bem", o que sugere ou uma crença residual na vida após a morte ou um domínio deveras restrito da linguagem.

Por volta de 1990, as inscrições nas lápides de nossos cemitérios subitamente ficaram muito mais informais do que tinham sido até então. Pais, hoje, quase sem exceção, são inscritos como papais; mães como mamães; e, à medida que os laços familiares se enfraqueceram, mais deles passaram a ser mencionados em lápides. Se, no passado, raramente se dizia que o falecido era avô ou avó, agora ele ou ela invariavelmente aparece como vô, vó ou até vozinha. O sentimento religioso desapareceu ao mesmo tempo, até nos cemitérios de igrejas; o mais perto que qualquer pessoa poderia chegar de uma reflexão religiosa sobre a transitoriedade da vida humana seria "Deus abençoe", expressão deveras rarefeita, para não dizer pior. (Num desses cemitérios de igrejas, encontrei uma lápide com a famosa citação de Dylan Thomas: "Não vá gentilmente para a noite escura, etc.", que não é exatamente uma afirmação da ortodoxia cristã, como eu devia ter previsto, e, aliás, de qualquer religião. O sacristão disse-me que a igreja agora não exerca qualquer controle sobre o que as pessoas colocavam nas lápides.)

É como se até a morte pudesse, pelo uso de uma linguagem informal e sentimental, e até agressiva, ser reduzida a um mero incidente da vida cotidiana, aliás, um incidente bastante menor; como se a condição definidora da existência de uma criatura autoconsciente como o homem – sua mortalidade – pudesse de algum modo ser alterada, diminuída, abrandada ou domesticada pelo emprego de diminutivos e de termos de afeto, ou pela provocação.

Agora somos sentimentais do berço ao túmulo.

2. O Que É o Sentimentalismo?

O sentimentalismo é uma daquelas muitas qualidades mais fáceis de reconhecer do que de definir. Os dicionários, como não surpreende, apontam todos para as mesmas características definidoras: um excesso de emoção falsa, doentia, e sobrevalorizada em comparação com a razão. Os dicionários maiores – por exemplo, o *Oxford English Dictionary* – são etimológica, mas não psicologicamente mais detalhados do que os menores. O *OED* observa que, originalmente, a palavra "sentimental" tinha conotações positivas: um homem que fosse chamado de sentimental, de meados do século XVIII até seu fim, hoje seria chamado sensível e compassivo, o contrário de um vulgar brutamontes filisteu. A mudança de conotação começou a ser operada por volta do começo do século seguinte por Robert Southey, poeta romântico e revolucionário que virou um Tory conservador, ao escrever em tom de zombaria a respeito de Rousseau, e completou-se na virada do século XX.

A definição acima não menciona uma importante característica do tipo de sentimentalismo para o qual desejo chamar atenção – seu caráter público. Não mais basta derramar uma lágrima em particular, longe da vista alheia, pela morte da Pequena Nell; é necessário fazê-lo, ou seu equivalente moderno, à plena visão do público.

Suspeito, ainda que não possa provar, que isso seja em parte consequência de viver num mundo, incluindo um mundo mental, tão amplamente saturado por produtos da mídia de massa. Nesse mundo, aquilo que é feito ou que acontece em privado não é feito ou não aconteceu absolutamente, ao menos não no sentido mais pleno possível. Não é real no sentido de que um *reality show* é real.

A expressão pública do sentimentalismo tem consequências importantes. Em primeiro lugar, ela demanda uma resposta daqueles que a testemunham. Essa resposta deve, de maneira geral, ser simpática e afirmativa, a menos que a testemunha esteja preparada para correr o risco de um confronto com a pessoa sentimental e ser acusada de dureza de coração ou de pura e simples crueldade. Há, portanto, algo coercivo ou intimidador em exibições públicas de sentimentalismo. Tome parte ou, no mínimo, evite criticar.

Uma pressão inflacionária também age sobre essas exibições. Não há muito sentido em fazer algo em público se, de fato, ninguém repara. Isso significa que exibições emotivas cada vez mais extravagantes se tornam necessárias, se se pretende que elas compitam com outras e sejam notadas. Os tributos florais ficam maiores; a profundidade de um sentimento é medida pelo tamanho do buquê. O que conta é a veemência e o volume expressivo.

Em segundo lugar, exibições de sentimentalismo público não coagem apenas os transeuntes ocasionais, como que os sugando para um fétido pântano emocional, mas quando são suficientemente fortes ou disseminadas, começam a afetar as políticas públicas. Como veremos, o sentimentalismo permite que o governo jogue ossos para o público em vez de enfrentar os problemas de maneira determinada e racional, ainda que também inconvenientemente controversa.

Há, porém, aqueles que defendem o sentimentalismo. Ao afirmar que não há nada de errado com ele, que, pelo contrário, ele deve ser aplaudido, eles na verdade nos dão uma intuição mais precisa do que está errado com ele.

Entre os defensores mais notáveis do sentimentalismo estava o filósofo americano Robert C. Solomon, que faleceu em 2007. Solomon acreditava, com razão, acho eu, que as emoções eram necessárias para toda atividade cognitiva e pensamento racional. Sem uma postura emocional em relação ao mundo, no fim das contas, ninguém faria nada, pensaria nada nem buscaria nada. Um estado de completa neutralidade emocional logo levaria à morte por inanição.

Solomon, porém, foi adiante. Em seu livro *In Defense of Sentimentality* [Em Defesa do Sentimentalismo], há um capítulo intitulado "Sobre o Kitsch e o Sentimentalismo", em que ele tenta defender o sentimentalismo refutando as objeções contra ele uma por uma. As objeções são seis, como se segue:

i. Que o sentimentalismo envolve ou provoca uma expressão excessiva da emoção.
ii. Que o sentimentalismo manipula nossas emoções.
iii. Que as emoções expressas no sentimentalismo são falsas ou fingidas.
iv. Que as emoções expressas no sentimentalismo são baratas, fáceis e superficiais.
v. Que o sentimentalismo é autoindulgente, impedindo conduta e respostas apropriadas.
vi. Que o sentimentalismo distorce nossas percepções e interfere no pensamento racional e na compreensão adequada do mundo.

Solomon tenta, então, demonstrar que essas objeções são falsas; e, enquanto isso, diz-nos que tem uma forte suspeita de que aqueles que objetam contra o sentimentalismo estão, na realidade, objetando contra todas as emoções, de qualquer tipo.

Não acredito que sua suspeita seja justificada, nem que seja porque é extremamente difícil – eu diria impossível – conceber como seria uma vida consciente totalmente desprovida de emoções. É verdade que existem alguns estados aparentemente sem afetos em doenças psiquiátricas extremamente graves, mas a maior parte das pessoas que as sofrem de fato expressam preferências por uma coisa e não por outra, nem que seja por ressentir-se da interferência e recusá-la. Mesmo que, em nome da discussão, se conceda que esses estados psiquiátricos extremos são totalmente vazios de emoção, não é possível que alguém os recomende como modo desejável de viver ou de ser, como objetivo a ser alcançado. Os budistas, é verdade, buscam a aniquilação do desejo, mas principalmente porque eles acham que a não existência é preferível à existência, e desejar nada é um estágio do caminho da não existência, ao menos enquanto consciências individuais. E, de todo modo, muito poucos filósofos ocidentais são budistas.

Assim, a suspeita de Solomon é a de um bode expiatório que ele mesmo inventou. A questão não é se *deve* haver emoções, mas *como*, *quando* e *em que grau* elas devem ser expressadas, e que papel elas devem desempenhar na vida humana.

Examinemos, portanto, suas objeções às objeções ao sentimentalismo. À acusação de que o sentimentalismo provoca uma expressão excessiva de emoção (ou é ao menos em parte constituído por ela), Solomon pergunta: "Quanto de uma emoção é 'demais'? Como isso pode ser medido?".

Claro está que ele subitamente misturou a expressão da emoção com a própria emoção, assim como, de modo geral, sabemos o que é uma exibição excessiva de emoção. Suponha, por exemplo, que eu expresse uma profunda tristeza pela perda de um alfinete, chore e lamente por ele, e permaneça inconsolável por causa dele durante dias. Certamente, a maioria das pessoas acharia a expressão da minha emoção excessiva, para não dizer bizarra. Elas achariam que meu comportamento é embaraçoso ou incômodo, e concluiriam ou que estava de brincadeira, ou que sou uma pessoa de caráter profundamente deformado, ou talvez que eu tivesse alguma doença psiquiátrica. Elas não perguntariam, digamos, quanta emoção é demais, afinal, como ela deve ser medida, etc. Isso é levar o ceticismo longe demais.

Claro que culturas diferentes podem diferir em relação a quanta emoção deve ser expressada; porém, duvido muito de que haja uma só em que não exista a ideia de uma expressão excessiva da emoção (ainda que isso seja apenas uma ideia implícita, manifestada pela desaprovação social).

E, igualmente, todos conhecemos a ideia de que algumas pessoas expressam muito pouca emoção, como no caso de um pai que ame seu filho, mas demonstre isso tão pouco que o filho ache que seu pai não o ama, e não percebe que isso não é verdade até que seja tarde demais. Quando H. M. Stanley encontrou o Dr. Livingstone nas margens do lago Tanganica, tendo pelejado por meia África até achá-lo, e levantou seu chapéu, pronunciando as famosas palavras: "Dr. Livingstone, presumo?". O público vitoriano achou esse sangue-frio excessivo não admirável, mas risível. Aquilo era levar o autocontrole, normalmente considerado o traço distintivo de um homem civilizado, a limites ridículos.

Assim, há um consenso universal de que a expressão da emoção deveria ser consoante tanto com a própria emoção quanto com a situação social, ainda que não haja acordo quanto ao ponto preciso em que essa expressão se torna excessiva. Isso em si não deveria nos preocupar, nem lançar dúvidas sobre a ideia de uma expressão excessiva da emoção, assim como o fato de não haver um consenso universal a respeito do que constitui um homem alto não deve lançar dúvidas sobre a existência de homens altos.

Sobre o razoável pressuposto de que a emoção está sob controle consciente, o grau em que ela é expressa é, portanto, uma questão moral. Aquilo que é permissível e até louvável entre pessoas íntimas e confidentes é repreensível entre estranhos. De fato, o desejo ou a exigência de que todas as emoções sejam igualmente expressáveis em todas as ocasiões e em todos os momentos destrói a possibilidade mesma de intimidade. Se o mundo inteiro é seu confidente, então ninguém é. A distinção entre o privado e o público é abolida, e a vida, por conseguinte, fica mais rasa.

Mas não é só a expressão da emoção (que Solomon mistura com a própria emoção) que deve ser disciplinada, é a própria emoção que deve ser sujeita à disciplina.

Perguntar quanta emoção é demais – na expectativa de que a resposta seja que nunca podemos dizer e, portanto, que nunca pode haver emoção demais – presume uma teoria quase hidráulica. Isso equivale a dizer que uma pessoa tem dentro de si certa quantidade de emoção, que se acumula (e a pessoa não controla a quantidade), e que, no que diz respeito à expressão, ela deve expressar-se de algum jeito – para dentro, ou, o que seria preferível segundo as maneiras modernas de pensar, para fora. (Como me disse um homem que tinha acabado de matar sua namorada à faca: "Eu tinha de matá-la, doutor, ou não sei o que eu teria feito".)

Na medida em que os homens diferem biologicamente pelo temperamento, seja pela operação da herança genética ou de alguma outra variável biológica, a teoria hidráulica contém um elemento de verdade. Alguns, sem dúvida, nascem fleumáticos, ao passo que outros nascem coléricos. Contudo, a ideia de que homens são, na questão das emoções que sentem, meros prisioneiros de seus dotes naturais é muito simplista e redutora. O apetite cresce com a alimentação; a emoção também cresce com sua expressão.

A raiva é um bom exemplo disso. Um homem que perca as estribeiras pelo menor pretexto não fica mais dócil porque expressou sua raiva de maneira tão violenta da última vez. Pelo contrário, ele tem uma tendência a ficar ainda mais irritadiço, em parte porque (como sabe qualquer pessoa que já perdeu as estribeiras) já há certo prazer na perda das estribeiras, ainda que esse prazer seja, ou deva ser, superado pelo remorso que produz na sequência. Se um homem, pelo contrário, controla seu temperamento e não expressa sua raiva a cada vez que a sente, provavelmente vai começar a sentir raiva com menos frequência, entre outras razões porque ele terá tempo de refletir sobre a falta de importância das ocasiões em que sua raiva foi provocada de maneira tão desproporcional no passado. Em outras palavras, o caráter de um homem é em parte obra dele mesmo, e aquilo que de início demanda esforço e autocontrole acaba se tornando uma disposição.

Sendo esse o caso, não é só a expressão da emoção, mas a própria emoção, que pode ser excessiva. Um homem que tenha sido movido a uma grande cólera, por mais genuína que seja, e tendo ele a expressado ou não, pela (digamos) chegada de um trem às 15h45 e 15 segundos em vez de, como anunciado, 15h45 exatamente, seria devidamente considerado tolo ou coisa pior.

Nem a emoção nem a expressão da emoção se justificam em si mesmas, ainda que às vezes se creia que sim, crença essa que é simplisticamente sentimental. Darei um exemplo desse simplismo.

O jornal *The Guardian* pediu a quatro autores que discutissem o "tirar do armário", isto é, a revelação pública, por parte de homossexuais, da homossexualidade de outras pessoas, que prefeririam mantê-la oculta e privada. Dois apoiavam a prática, e dois se opunham a ela.

Um dos primeiros, Bea Campbell, justificava-a dizendo que ela era uma expressão da cólera das pessoas que o faziam. Essa cólera flutuava livremente: a autora não dava qualquer indicação de qual seria o objeto da cólera das pessoas, nem dizia se elas tinham razão em encolerizar-se com aquilo. E assim mal chega a surpreender, nas circunstâncias, que ela não tenha respondido a questão de que, caso eles tivessem razão em encolerizar-se, tinham também razão de expressar sua cólera dessa maneira em particular. A autora parecia ter encontrado um ponto cartesiano da epistemologia moral: estou encolerizado, portanto estou certo.

Isso é sentimentalismo, ainda que não do tipo manteiga derretida com que estamos mais acostumados (ainda que assim o seja, talvez só porque o reconheçamos mais facilmente do que o fazemos em outras variedades).

Solomon refuta a segunda acusação contra o sentimentalismo, a de que ele é manipulador, afirmando que todas as formas de persuasão artística são manipuladoras. Em se tratando de manipulação, não há nada a escolher (exceto, talvez, em bases estéticas) entre os retratos feitos por Velázquez dos anões na corte dos Habsburgos na Espanha e as fotos baratas de garotos de rua com lágrimas rolando pelo rosto. Solomon diz que "manipulamos com cada um de nossos gestos sociais" e que, portanto, nenhuma forma de manipulação em particular é preferível, ao menos de um ponto de vista moral, a qualquer outra. Sobre essa visão, nada há a escolher – do ponto de vista da pura manipulação – entre um comício nazista e uma reunião para uma eleição parlamentar complementar.

Os retratos de Velázquez dos anões nos manipulam (se uma tentativa de fazer-nos ver algo novo é manipulação), mostrando-nos a plena humanidade de semelhantes nossos que teríamos a tentação de desconsiderar, de desprezar, de descartar ou de ignorar completamente. Essa reação é muito comum. Na minha prática, por exemplo, muitas vezes observei com que facilidade as pessoas supõem que alguém que não consegue falar após um AVC também não consegue entender o que está sendo dito, e assim falam a seu respeito como se fosse surdo. Ao pintar os anões com o mesmo cuidado e compromisso com que pintava qualquer outra pessoa, retratando-os como criaturas altamente inteligentes e complexas exatamente como nós, Velázquez os está trazendo para nosso universo moral. Uma vez que você tenha contemplado os retratos de Velázquez, nunca mais ficará inclinado a pensar que os tipos de criaturas neles representados não são moralmente semelhante a nós nem que são indignos de serem plenamente considerados seres humanos. Você não vai mais ser capaz de descartar os temas daqueles quadros como se fossem serezinhos engraçadinhos cuja única função é diverti-lo de maneira intermitente: e se como resultado você sente piedade deles, essa piedade é educativa, porque grande parte dela é incitada por sua rejeição tão desconsiderada e cruel a eles. É uma piedade que exige algo de você. E, ao fazer com que você veja a humanidade daqueles a quem você anteriormente tinha desconsiderado, como se eles fossem menos do que plenamente humanos, esses quadros fazem com que você reflita sobre a natureza da própria humanidade.

Os retratos de garotos de rua, por contraste, não evocam nenhuma reflexão como essa, nem têm esse propósito. Pelo contrário, eles evocam e tentam despertar um sentimento quentinho e autocongratulatório de simpatia, que assegura à pessoa que o experimenta que ela é um ser moral capaz de ter empatia pelos outros, mas um sentimento que não exige nada mais dela. O calor confortante e gratuito do sentimento é um fim em si mesmo, uma mera muleta para a autoestima.

Além disso, quando o sentimentalismo se torna um fenômeno público de massa, ele se torna manipulador de um jeito agressivo: exige que todos tomem parte. Um homem que se recuse, afirmando não acreditar que o pretenso objeto de sentimento seja digno de exibição demonstrativa, coloca-se fora do âmbito dos virtuosos e torna-se praticamente um inimigo do povo. Sua culpa é política, uma recusa em reconhecer a verdade do velho adágio *vox populi, vox dei* – a voz do povo é a voz de Deus. O sentimentalismo então se torna coercitivo, isto é, manipulador de maneira ameaçadora.

A terceira acusação contra o sentimentalismo, de que as emoções que ele evoca são falsas ou ao menos autoenganosas, também é negada por Solomon. O que, pergunta Solomon, é uma emoção fingida? Ele admite que as pessoas possam se comportar como se tivessem emoções que de fato não têm, mas diz que esse não é o caso quando as pessoas estão sendo sentimentais. Nisso acho que ele tem razão; e ele prossegue dizendo que "uma pessoa pode até enganar a si mesma a respeito de suas próprias intenções e, assim, fingir uma emoção aparentando sinceridade", o que também é correto. Porém, diz ele, não é isso que acontece quando alguém é sentimental.

Não é? A mente, mesmo aquela sua parte que está consciente, tem diversas camadas, e é capaz de sustentar pensamentos e sentimentos diferentes ao mesmo tempo. Aprendi isso ainda criança, quando eu era acusado de algo que eu sabia que tinha feito, mas que mesmo assim negava ter feito. Minhas negações podiam ficar indignadas e, quanto menos credibilidade elas tinham, mais indignado eu ficava. Um fiapo de voz que efetivamente dava a impressão de estar na parte de trás da minha cabeça me dizia que eu estava fingindo, mas eu insistia. A reflexão me mostrou que meu estado de espírito naquele momento tinha sido composto de diversas camadas.

Eu ficava indignado por qualquer pessoa simplesmente ter me acusado de algum ato mau. Eu ficava indignado por terem me acusado com base numa mera suspeita, sem a prova total, o que, portanto, refletia aquilo que deviam ter considerado ser o meu caráter. Eu ficava indignado por não acreditarem em minhas negações, e, assim, impugnarem minha veracidade. Eu ficava incomodado por ter, de fato, cometido um ato mau, descobrindo, assim, que eu não era um anjo. E eu tinha medo das consequências de admitir a verdade.

Em um estado de sentimentalismo, certamente do tipo vivido em público, a pessoa é mais comovida pelo fato de ser comovida do que por aquilo que supostamente a está comovendo. Além disso, está interessada em que todos vejam o quão comovida está. O trigo do sentimento genuíno é logo perdido no joio das considerações secundárias; e, tendo o exagero uma lógica própria, o joio tende a aumentar.

A quarta acusação contra o sentimentalismo é que as emoções envolvidas nele são baratas, fáceis e superficiais. Solomon outra vez considera falsa essa acusação. Ele fica desconfortável com a palavra "barato" porque ela soa esnobe, já que o contrário dela é "caro", e seu uso para ele implica não um juízo moral ou mesmo estético, mas um juízo político-econômico de natureza antidemocrática; isto é, as pessoas que têm emoções baratas são aquelas na faixa inferior do espectro socioeconômico.

Isso sugere que a política – e a política de certo tipo, além disso – deve ser o árbitro de todas as coisas. Pelo argumento de Solomon, o fato de que é mais comum que membros das classes inferiores cometam agressão faz dela um não crime ou, no mínimo, algo menos do que um crime.

De todo modo, a palavra "barato" aqui não é usada em sentido econômico, ainda que obras de arte sentimentais, ou reproduções delas, tendam a ser baratas tanto em termos de dinheiro quanto das emoções que provocam.

Comparemos duas enunciações literárias, uma de *Romeu e Julieta* e outra de *Love Story*, de Erich Segal. São elas: "Ó, doce mãe minha, não me expulsai" e "Amar é nunca ter de pedir desculpas".

A primeira, de Julieta, é dita quando, já enamorada de Romeu, seu pai insiste para que ela se case, e imediatamente, com o homem que ele escolheu. Se ela não se casar, ele irá deserdá-la, ou coisa pior. Julieta pede o apoio da mãe; e, tendo me deparado muitas vezes com situações análogas entre pacientes femininas de origem paquistanesa em minha prática médica, em que as moças pediam sem sucesso o apoio da mãe contra um casamento a que estavam sendo forçadas, posso dar testemunho da precisão com que Shakespeare captura em sete palavras o extremo desespero de uma menina ou de uma moça nessa situação. A mãe, até agora amada e respeitada, é sua única possível aliada; porém, se a mãe não lhe der apoio, ela estará absolutamente sozinha no mundo, tendo de enfrentar uma escolha entre a repugnância e o isolamento, com nada entre essas opções.

Voltemo-nos agora para a segunda enunciação, que tem exatamente o mesmo número de palavras da primeira: "Amar é nunca ter de pedir desculpas". O que isso significa efetivamente? É verdade que a frase transmite um calorzinho ao suscetível, assim como um gole de uísque provoca um quentinho no esôfago. Mas ela não transmite nenhuma verdade; se transmite alguma coisa, é o oposto da verdade, porque o amor exige que se peça ao ser amado desculpas que em outras circunstâncias não seriam pedidas. O calorzinho transmitido por essas palavras, portanto, não está associado a uma verdade, a uma situação real, a um dilema moral, nem, de fato, a nada mais que pudesse ter interesse ou importância reais. Barato, fácil e superficial parecem palavras bastante razoáveis para descrever esse calorzinho.

Sem dúvida, todos nós caímos no sentimentalismo às vezes (porque é mesmo estranho que a música barata seja tão forte), sem que ninguém sofra nenhum grande mal. Talvez faça até bem – um fisiologista sugeriu que chorar de emoção pode ser um jeito de livrar o corpo do excesso de hormônios de estresse. Mas aquilo que é inofensivo em privado não é necessariamente inofensivo, muito menos benéfico, em público; e aqueles que acham que sua conduta privada e pública deveria ser sempre a mesma, por medo de na diferenciação introduzir a hipocrisia, têm uma visão da existência humana que carece de sutileza, de ironia e, sobretudo, de realismo.

A quinta acusação contra o sentimentalismo é que ele é autoindulgente, que ele incentiva que uma pessoa se entregue a um banho quente de emoção ao mesmo tempo que se julga generoso por fazê-lo. O sentimentalismo olha para si: ele não é apenas a resposta emocional a algo (na verdade, a resposta emocional original a algo é apenas uma parte daquilo que é o sentimentalismo), mas a satisfação de possuir a emoção por si própria. Nas palavras de Milan Kundera:

> O *kitsch* faz com que duas lágrimas escorram em rápida sucessão. A primeira lágrima diz: como é bom ver crianças correndo pela grama! A segunda lágrima diz: como é bom comover-se, junto com toda a humanidade, por crianças correndo pela grama!

Contudo, diz Solomon, pessoas como os filósofos gostam de usar a razão e a lógica não só para obter as verdades que resultarão de seu uso, mas porque fazer isso é satisfatório em si mesmo, e também um traço distintivo em relação aos outros. Num mundo de individualistas, se não de indivíduos, isso é importante.

Será então que condenamos os filósofos, como se fossem autoindulgentes? A resposta é sim, se seu apego à (digamos) satisfação de parecer mais inteligentes do que o resto do mundo é maior do que seu apego à verdade ou à sabedoria, ou tão grande que são incapazes de mudar, se não suas mentes, ao menos suas palavras. Outra vez, o orgulho pode obstruir o caminho da busca da verdade: preferimos vencer uma discussão com sofismas a chegar à verdade por uma investigação honesta, ainda que os melhores dentre nós sorrateiramente mudem de opinião após termos vencido aquilo que é o correto usando jogo sujo e sofismas.

Claro que há razões por que não deveríamos desistir de nossas crenças no momento em que alguém produz um argumento contra elas que parece refutá-las. Presumindo que outras pessoas possam ser tão sofísticas quanto nós mesmos, e igualmente desejosas de vencer a discussão, elas provavelmente não são mais honestas do que nós. E, a menos que sejamos dotados de mentes afiadíssimas (e a maioria de nós não é), capazes de enxergar imediatamente todas as falhas num argumento, é bom refletir, uma vez que o elemento de competição pessoal e de desejo de preponderância tenha sido eliminado. Uma disposição muito fácil para desistir de crenças testemunha uma ligeireza da mente, como se nada fosse importante para ela. A mutabilidade pode ser um sinal de frivolidade.

A exigência de que as motivações sejam puras não é razoável. As motivações raramente são simples, e nunca são puras. A acusação contra o prazer do sentimentalismo é não apenas que ele é autoindulgente, porque muitos prazeres, senão todos, são, ao menos em parte, autoindulgentes, mas que, em sua forma expressada publicamente, ele é perigosamente autoindulgente. Uma lágrima sentimental derramada em privado é muito diferente em suas consequências daquela derramada em público, mesmo quando as lágrimas envolvidas são apenas metafóricas.

A última acusação contra o sentimentalismo citada por Solomon é que ele distorce nossas percepções e impede o pensamento racional e o entendimento. O sentimentalismo demanda o apego a um conjunto de crenças distorcidas a respeito da realidade, e também à ficção da inocência e da perfeição, atuais ou potenciais.

Outra vez, Solomon suspeita de que isso seja um ataque a todas as emoções, porque, como ele diz, todas elas são capazes de distorcer sob algum aspecto. No amor, por exemplo, uma pessoa engana a si mesma exagerando a beleza e as virtudes do ser amado. Não se trata apenas de que, no amor, se passe por cima de certas máculas, físicas ou morais; elas são efetivamente despercebidas, ou, se são percebidas, elas passam por racionalizações até se tornarem imperceptíveis. Contudo, ninguém objeta contra o amor afirmando que ele é enganoso. E por que, em todo caso, deveríamos *sempre* ficar cientes de falhas e de perigos?, pergunta Solomon.

Há nisso verdade e inverdade. Se nunca estivéssemos preparados para passar por cima dos defeitos de ninguém, nunca chegaríamos a uma amizade, muito menos a um amor; e continuamos a gostar ou a amar, apesar de renovadas manifestações de fraqueza ou de imperfeição nos objetos de nosso afeto.

Contudo, não achamos admirável nem alegre qualquer grau de autoengano em questões amorosas. Não achamos a adoração de Eva Braun por Hitler admirável ou mesmo comovente; e temos pena daqueles entre nossos amigos que se apaixonam por pessoas que sabemos ser obviamente indignas de seu amor e cujas limitações várias e manifestas acabarão por causar grande sofrimento a nossos amigos. Elevar o amor romântico acima de quaisquer outras considerações pode ser uma tolice, para dizer o mínimo. Não admiro minha paciente que, em função desse amor, reatou com um namorado após ele ter quebrado o braço e a mandíbula dela, tendo sido libertado da prisão há não muito tempo por ter matado sua namorada anterior. Pode-se sentir pena por uma mulher para quem a vida com esse homem era melhor do que a vida sem ele, mas não se pode admirar sua decisão de voltar para ele, apesar de todas as ofertas de ajuda para fugir dele, nem recomendar essa decisão a outras pessoas.

Assim, mesmo na vida privada, o ponto até o qual uma pessoa está preparada para passar por cima das limitações dos outros é necessariamente uma questão de julgamento. Pode-se ser severo demais ou leniente demais, e talvez as pessoas raramente acertem na medida. Contudo, a tentativa de fugir de simplesmente fazer um julgamento (o qual, é claro, não precisa ser feito de maneira consciente, calculista, seguindo o método contábil das partidas dobradas, como Darwin ao considerar os prós e contras de casar-se) é pior do que desastrosa.

Quando se permite que o emocionalismo transborde para a esfera das políticas públicas, não é provável que disso saia algo de bom, exceto por acaso.

O sentimentalismo é a expressão da emoção sem julgamento.[1] Talvez ele seja pior do que isso: é a expressão da emoção sem um reconhecimento de que o julgamento deveria fazer parte de como devemos reagir ao que vemos e ouvimos. É a manifestação de um desejo pela ab-rogação de uma condição existencial da vida humana, a saber, a necessidade de exercer o juízo sempre e indefinidamente. O sentimentalismo é, portanto, infantil (porque são as crianças que vivem em um mundo tão facilmente dicotomizável) e redutor de nossa humanidade.

A necessidade de julgamento implica que nossa situação no mundo, assim como a de outras pessoas, é quase sempre incerta e ambígua, e que

---
[1] Devo esta formulação ao sr. Myron Magnet, de Nova York.

nunca se pode fugir da possibilidade de erro. Em nome de uma vida mental quieta, portanto, queremos simplicidade, não complexidade: o bem deveria ser inteiramente bom, o mal inteiramente mau; o belo inteiramente belo, e o feio inteiramente feio; o imaculado inteiramente imaculado, e o estragado inteiramente estragado; e assim por diante.

É por isso que hoje em dia há uma ênfase tão grande do ensino escolar na história do tráfico de escravos pelo Atlântico e do Holocausto. Não pretendo, é claro, negar a imensa importância desses assuntos; porém, seu uso para sentimentalizar o modo de ver dos alunos fica bastante evidente a partir do fato de que a eles praticamente não se ensina nada mais em história, e os povos exterminados no Holocausto podem, de maneira razoável, ser apresentados como nada mais do que vítimas de opressão, assim permitindo que o mundo seja elegantemente repartido em bem e mal.

De novo, não quero sugerir que não exista distinção entre bem e mal e nada que distinga o assassino e sua vítima. Contudo, insinuar a mentes jovens que a história humana (e, por extensão, a vida humana inteira) tem sido e não é nada mais do que isto, um conflito entre vítimas e perpetradores, entre oprimidos e opressores, entre bem e mal, é fazer com que seja improvável que elas desenvolvam aquele senso de proporções sem o qual (como afirmei alhures) a informação não passa de uma forma superior de ignorância.

Já mencionei o caso da menina que estava estudando o genocídio de Ruanda em suas aulas de história, com a ajuda de um filme de Hollywood a respeito, mas esse não é de jeito nenhum um caso isolado. Para muitas crianças nas escolas, os estudos do genocídio parecem ter tomado o lugar de todo e qualquer outro aspecto da história.

Mal chega a ser necessário dizer que o genocídio é um assunto para uma reflexão quase infinita. O que, por exemplo, devemos pensar do papel motriz da elite com diploma universitário na preparação e na promoção do genocídio? O que isso nos diz a respeito da relação entre educação, cultura e moralidade? E a responsabilidade de forças externas que cruzam os braços e deixam de intervir, ou que até negam que o genocídio esteja acontecendo? Num nível mais profundo, o que a participação de pessoas comuns – às vezes alegremente; em outras, por coação – no massacre de seus vizinhos e amigos de outrora, e na apropriação de seus bens, nos diz sobre a natureza humana? Em que medida a coação e o medo atenuam as ações mais vis? Qual a relação entre a explicação histórica dos acontecimentos e sua avaliação moral? Como a responsabilidade individual e a coletiva se relacionam entre si?

Essas questões não são fáceis de responder. Mas é óbvio que a única lição que uma mente completamente não formada pode tirar do estudo – se é que se deve chamar isso de estudo – do genocídio, isolado de quase todos os demais conhecimentos, é do tipo sentimental "quatro pernas bom, duas pernas mau",[2] de que o mundo é composto de gente boa e de gente má; e, como a maioria dos que saem da escola nunca mais estudarão história ou pensarão a seu respeito, esse será seu pressuposto subjacente a respeito de todas as demais questões públicas, se não para sempre, ao menos por muito tempo, suposição essa que os deixará suscetíveis ao canto da sereia de diversos demagogos que afirmam pureza de motivos e que manipulam impiedosamente os corações para obter o poder e retê-lo. E o pupilo vem a achar que, por condenar aquilo que é obviamente errado, a saber, o assassinato de vastas quantidades de gente, está sendo virtuoso. A adesão pública ao clichê moral torna-se a marca de um bom homem ou de uma boa mulher.

É hora de tratarmos de mais exemplos do sentimentalismo em ação.

---

[2] Referência à obra *A Revolução dos Bichos* (*Animal Farm*), de George Orwell. (N. T.)

3. A Declaração de Impacto Familiar[1]

Em 12 de janeiro de 2006, um advogado chamado Tom ap Rhys Pryce voltou de um encontro social para casa muito tarde. Foi atacado, na rua em que morava, por dois rapazes que tinham a intenção de roubá-lo. Ofereceu alguma resistência, mas os dois levaram tudo o que ele tinha consigo e que lhes seria útil: um telefone celular e um bilhete de metrô. Contudo, os assaltantes esfaquearam-no diversas vezes na cabeça e no peito, e ele não resistiu aos ferimentos.

Os dois rapazes, Donnel Carty e Delano Brown, foram presos, julgados e condenados por esse crime horrendo. Antes que recebessem a pena, o promotor leu a declaração de impacto familiar de Adele Eastman, noiva do Sr. ap Rhys Pryce, que também era advogada. Ela gostaria de tê-la lido em pessoa no tribunal, mas a regra que permitia que os parentes próximos das vítimas de homicídio o fizessem ainda não estava em vigor. O juiz,

---

[1] O *impact statement*, ou "declaração de impacto", mais frequentemente *victim impact statement* ("relatório de impacto da vítima"), não existe no direito brasileiro. Segundo Dalrymple, ela consiste em que as pessoas próximas da vítima descrevam o impacto sofrido pelo crime perante o tribunal, ou perante aqueles que concederão a liberdade condicional a um preso. (N. T.)

portanto, deu permissão para que o promotor a lesse, provavelmente para evitar a acusação de pedantaria insensível.

A Srta. Eastman disse, entre outros:

> Eu tinha a esperança de poder ler minha declaração pessoalmente, do banco das testemunhas. Gostaria que Carty e Brown soubessem diretamente de mim a devastação que causaram.
>
> Devo começar dizendo que minha sensação de dor e de horror ao perder Tom, e de maneira tão brutal, é literalmente indescritível...
>
> Tom estava determinado desde muito cedo a atingir todo o seu potencial na vida. Ele trabalhava sem parar e aproveitava ao máximo cada oportunidade que aparecia. Dava seu melhor em tudo, e tinha sucesso. Porém, apesar de suas muitas realizações, ele era a pessoa mais humilde que jamais conheci.
>
> Numa mensagem deixada na árvore ao lado de onde ele morreu, foram essas as palavras de um amigo nosso: "Lembro-me de estar sentado ao seu lado no casamento de nosso amigo, de levantar para cantar o primeiro hino, e de olhar para você enquanto sua voz pura e impressionante saía. Eu não tinha ideia, após tantos anos conhecendo você, de como você cantava bem. Quantas vezes você não foi assim – realizando discretamente tantas coisas impressionantes".
>
> Tom era meu melhor amigo, minha alma gêmea. Eu o adorava – e sempre vou adorar. A falta que sinto dele é maior do que eu jamais poderia descrever: seu belo coração, sua mente brilhante, seus olhos grandes e amorosos, sua voz doce, sua risada contente e seu senso de humor peculiar, sua maneira de dançar, nossas conversas e o quanto sempre nos divertíamos. Sinto saudade de nós...
>
> Foi a ganância que motivou o ataque de Carty e de Brown contra Tom, mas é óbvio... Eles estavam querendo bancar o "homem forte".
>
> Fico desesperada diante de sua lógica profundamente equivocada, porque quem ataca uma pessoa indefesa com uma faca, ou com

qualquer outra arma, ou que sai em bando caçando vítimas, não é homem, mas um covarde completo, alguém que não tem confiança para enfrentar outra pessoa em pé de igualdade e em vez disso sente a necessidade de dar a si uma vantagem injusta.

Carty e Brown não podem sentir que venceram Tom de maneira nenhuma – ele nunca sequer teve a menor chance. Ele estava sozinho, indefeso e não conhecia a violência...

Como, sob qualquer aspecto, isso poderia ter valido a pena para eles?

Mencionemos agora brevemente algumas das circunstâncias do caso. O incidente foi barulhento. Uma vizinha, uma oficial prisional que, provavelmente, não desconhecia comportamentos menos do que refinados, ouviu o barulho do embate, mas, segundo os relatos, ficou assustada demais para olhar pela janela, porque tinha havido dois assassinatos naquele ano na rua, assim como outro esfaqueamento. A taxa de roubos nas ruas naquela área de Londres tinha subido de 6,7 por mil habitantes em 2004 para dez por mil em 2005.

Os dois rapazes eram membros de uma violenta gangue que tinha aterrorizado a área e que se supunha que tivesse cometido noventa roubos contra o submundo só nos dois últimos meses. Três semanas antes do assassinato, Carty e Brown tinham participado de assaltos a trens em que dois homens foram esfaqueados. Era difícil conseguir condenar um membro da gangue porque as vítimas tinham medo de prestar depoimento.

Um dos rapazes tinha gravado um *rap* oito meses antes do assassinato. A letra continha os seguintes versos:

Pego a cana [faca]

Vou furar [esfaquear] teus amigos se eles vierem aqui,

Tu vai te brocar [ser esfaqueado], não vai rolar pegar tua espada.

A gente não se caga [não tem medo] de matar.

Os pagadores de impostos sem dúvida ficarão animados ao saber que essa musiquinha terna e inspiradora foi escrita e composta enquanto o rapaz fazia um dito curso de música numa faculdade financiada com dinheiro público.

Após terem matado o Sr. ap Rhys Pryce, os dois assassinos usaram seu telefone quase imediatamente para ligar para suas namoradas. Eles também usaram seu bilhete de metrô.

Espero que eu não seja considerado excessivamente cínico quando disser que me parece altamente improvável que os rapazes fiquem muito comovidos ou afetados pela declaração de impacto da vítima, seja lida pelo promotor ou por ela própria. Eles certamente não ignoravam que suas ações causariam angústia (ou, caso sua constituição fosse tão estranha que ignorassem, essa declaração não supriria essa carência); antes, eles não ligavam para a angústia que causassem, ou sentiam-se glorificados nela. A declaração, portanto, não exerceria nenhuma influência terapêutica sobre eles.

Quando a noiva do rapaz assassinado diz em sua declaração que sua dor e seu horror são "literalmente indescritíveis", acreditamos nela e não a culpamos por sua incapacidade de descrevê-la naquele momento. Para a maioria das pessoas, só a passagem do tempo permite que traduzam em palavras aquilo que experimentaram, porque a emoção crua muitas vezes se sobrepõe ao juízo necessário para a verdadeira expressão ou para a comunicação genuína de uma profunda angústia. Aquilo que surge em seu lugar é kitsch.

O assassinado, dizem-nos, era uma pessoa excepcional. Era talentoso e encantador, porém humilde, cantava bem e tinha um belo sorriso. Era inteligente, tinha um futuro brilhante pela frente e ia casar-se na Itália. Sua morte foi uma catástrofe para todos que o conheciam. Sem dúvida, isso tudo é verdade; o problema é que, nessas circunstâncias, não ousamos mencionar que é moral e legalmente irrelevante. Pior ainda, é, na verdade, repulsivo, por ser profundamente destrutivo da lei e da civilização.

Seria o assassinato cometido por Carty e por Brown só um pouco menos hediondo se sua vítima tivesse sido um homem que não tinha um belo sorriso, nem talentos, que fosse velho e por isso tivesse a maior parte da vida atrás de si, que fosse socialmente isolado, que fosse de modo geral rejeitado por suas qualidades desagradáveis, e daí por diante? (Estou presumindo que o crime teria sido igualmente gratuito.) O crime de assassinato deve ser repreendido na proporção da utilidade social das vítimas? Isso se aproxima perigosamente da visão de Dennis Nilsen, o assassino em série de tantos rapazes transviados, que achava que a sociedade era hipócrita por desaprovar suas atividades. Afinal, disse ele, a sociedade pouco se importava com aquelas pessoas quando estavam vivas; que direito ela tinha agora, então, de chorar lágrimas de crocodilo por elas? O mundo não era um lugar tão pior sem as pessoas que ele matava.

A impressão dada pela declaração de impacto familiar é que o crime de assassinato é hediondo por causa dos efeitos que tem sobre a pessoa que faz a declaração, ou sobre as pessoas que ela representa. O corolário disso, é claro, é que, se a pessoa assassinada não tivesse parentes nem amigos e fosse totalmente reclusa, matá-la não seria tanto um crime, já que não havia ninguém para sofrer por sua morte. Dever-se-ia então considerar aquele assassinato digno de louvor, na medida em que uma boca a alimentar socialmente inútil tinha sido eliminada. Devemos então concluir que os parentes das vítimas de assassinato que não fazem essa declaração sentem o impacto menos do que aquelas que o fazem: se eles têm sentimentos tão ambíguos a respeito da morte de seu parente, o assassino é menos criminoso nesses casos?

A declaração de impacto familiar feita no tribunal é um convite permanente a esse tipo de irrelevância. Um rapaz foi morto num acidente de carro por uma mulher que foi subsequentemente acusada de direção perigosa (três crianças também morreram no acidente). A irmã do rapaz, em sua declaração ao tribunal, disse:

> Imagine a família perfeita... Uma mãe, um pai, uma filha e um filho. Foi assim que cresci, e era assim que eu sempre tinha planejado a base do meu futuro...
>
> Nós dois gostávamos de nadar... e muitas vezes saíamos juntos para fazer compras e para nos divertir.

Outra vez, pode-se perguntar se a motorista do carro teria sido menos culpada se tivesse atropelado e matado um homem sem irmã, que nunca nadasse, que não fizesse compras nem se divertisse.

Quando um marinheiro filipino foi assassinado por um seu conterrâneo a bordo de um navio britânico, a declaração de sua esposa foi lida no tribunal:

> Joel [o assassinado] tinha um casamento muito feliz... Ele era o melhor marido, o mais gentil, e um pai amoroso para seus filhos...

Isso comove de verdade, uma declaração infinitamente triste e simples; porém, e se o assassinado estivesse divorciado de sua esposa, será que seu assassinato teria sido um crime menor?

As declarações de impacto familiar, como não surpreende, muitas vezes ou costumeiramente contêm elogios à vítima. O que é mais alarmante é que a polícia muitas vezes também se sinta obrigada a fazê-los. Por exemplo, o detetive responsável pela solução do assassinato do Sr. ap Rhys Pryce disse, após as condenações dos dois rapazes:

> Ao matar Tom ap Rhys Pryce, Carty e Brown puseram fim à vida de um homem que ainda tinha muito para viver. Um homem que estava entrando numa carreira promissora, um homem que estava planejando seu futuro com a mulher que amava, um homem que tinha o apoio amoroso de sua família.

Isso inevitavelmente dá a impressão de que a polícia acredita que as características pessoais da vítima são aquilo que determina a seriedade de um crime. E isso nos recorda dos avisos policiais colocados no hospital em que eu trabalhava, os quais diziam que qualquer pessoa que agredisse um membro da equipe no hospital seria, a partir daquele momento, não apenas advertido, mas processado. Naquelas circunstâncias em que tinha havido muitas queixas por parte da equipe do hospital em relação à indiferença da polícia quanto a agressões à equipe, aquilo representava um progresso e algo a que se devia ser grato; mas o aviso realmente dava a impressão não só de que agressões anteriores tinham sido mais ou menos ignoradas pela polícia (algo que a polícia até então havia negado), mas que aquilo que era importante numa agressão e que a tornava digna de um processo era o lugar onde ela tinha acontecido.

Em certo sentido, é claro, uma agressão que acontece num lugar público, talvez à plena visão de muitas outras pessoas e, de qualquer modo, diante de testemunhas dignas de credibilidade, contra uma equipe que está tentando trabalhar para o benefício de todos, é bastante especial no que diz respeito a seu efeito de demonstração. Se um homem pode não sofrer as consequências de uma agressão cometida nessas circunstâncias, não chegaria a surpreender se as pessoas concluíssem que podem escapar de coisas bem piores quando há poucas testemunhas por perto. Contudo, a infração ainda é a agressão, e não o descaramento com que ela é cometida, o qual não passa de um sintoma da atmosfera de impunidade em que nos permitimos resvalar, particularmente por meio do sentimentalismo. Uma agressão a uma enfermeira ou a um médico não é em si pior do que uma agressão a um lixeiro ou a um vagabundo.

Até o advogado da acusação nesse caso deu a entender, em suas palavras iniciais ao júri, que o assassinato era especialmente hediondo por causa de quem a vítima era e de qual era sua profissão. Ele disse:

> Para eles [os acusados] não importava que aquele homem tivesse trabalhado muito por sua posição na vida, que ele tivesse à sua frente uma carreira promissora no sistema jurídico. Não importava que ele fosse se casar em setembro. Tudo o que a vida tem de melhor estava diante dele, mas para eles ele não passava de um meio para um objetivo, e foi assim que eles o trataram.

Claro que a acusação estava apenas preparando o cenário; ele queria elevar a temperatura emocional para que o júri fosse receptivo a seu caso. Tivesse a vítima sido na verdade um homem de noventa anos, ou uma prostituta, sem dúvida ele teria pintado um retrato sofrido da vulnerabilidade da vítima, a fim de elevar do mesmo jeito a temperatura emocional; e não faz parte da natureza humana que todos os recursos retóricos sejam abandonados num tribunal, mesmo que exijamos que as condenações e absolvições se baseiem nas provas apresentadas, e não em meros acessos emotivos. Mas quando a acusação, a polícia e a pessoa mais próxima da vítima, ou seja, todos, concordam que é a natureza da vítima que torna o crime tão monstruoso, estamos criando uma atmosfera de regressão de um regime de leis para um regime de homens. O corolário da noção de que é peculiarmente terrível matar um homem como o sr. ap Rhys Pryce é que não é tão terrível matar homens que não são como ele.

(Um dia depois de eu ter escrito isso, um homem, David Martin, foi brutalmente espancado até a morte por seus vizinhos quando foi pedir a bola de futebol que o filho tinha chutado para seu jardim. Em meio à inevitável pilha e flores marcando a cena do crime, havia um buquê com a seguinte inscrição: "Por que alguém faria isso com você? Será que eles não sabiam que você era uma pessoa tão doce que isso não deveria acontecer com você?". Como aquilo que aconteceu com ele obviamente aconteceu com ele, o que o autor deve ter pretendido dizer era que o sr. Martin era uma pessoa doce demais para merecer ser espancado até a morte daquele jeito. Isso dá a entender que existem pelo menos algumas pessoas que merecem essa morte, de cujos detalhes pouparei o leitor.)

Consideremos as outras coisas ditas pela Srta. Eastman. Algumas pessoas podem dizer que é injusto submeter sua declaração a uma crítica minuciosa porque, ainda que a maioria dos julgamentos de homicídio aconteça cerca de um ano depois de o crime ter sido cometido, é perfeitamente esperado que o parente próximo de qualquer pessoa assassinada esteja mentalmente perturbado na época do julgamento dos supostos culpados. Quanto a isso, amém; mas é precisamente para julgar as questões segundo os fatos que os tribunais, ou ao menos os nossos tribunais, foram instituídos.

A Srta. Eastman era formada em italiano e também era advogada. A maior parte dos homicídios acontece numa parte um tanto mais baixa do espectro social e educacional a que ela pertence, e, assim, é razoável esperar que sua declaração de impacto familiar fosse mais ponderada do que a maioria. Não é inteiramente tranquilizador, portanto, que parte do que ela tinha a dizer contra os rapazes condenados era que eles eram covardes, como se, caso tivessem dado ao Sr. ap Rhys Pryce mais chances de revidar e de vencê-los, aquilo que eles fizeram teria sido menos ruim. Isso dá a entender que transformar nossas ruas num local de duelos medievais – cavalheiro de Kensal Green, atacai primeiro! – seria um passo na direção certa.

Não tenho a intenção de criticar pessoalmente a Srta. Eastman: creio que os problemas naquilo que ela disse são como que intrínsecos ao gênero inteiro da declaração de impacto familiar. E, se eu estivesse na posição dela, não confiaria em mim mesmo para dizer qualquer coisa de razoável ao tribunal. Eu ficaria tentado a ir muito além do tipo de coisa que ela disse.

É para evitar excessos compreensíveis de emoção que a lei estabelece processos, e os julgamentos são conduzidos de acordo com um protocolo preexistente. Por que então, podemos perguntar, as declarações de impacto familiar foram subitamente permitidas nos tribunais britânicos?

A justificativa oficial dada pela ministra que as introduziu, Harriet Harman, é que as famílias das pessoas assassinadas muitas vezes se sentem excluídas dos procedimentos do tribunal. A declaração de impacto familiar tem o objetivo de mudar esse sentimento de exclusão e trocá-lo, supostamente, pelo de envolvimento ou de participação.

Nessa justificativa vemos o sentimento prevalecer sobre a razão. Se a família da vítima de assassinato se sente excluída, isso em si é considerado razão suficiente para alterar o processo. Nem vamos lembrar que, numa sociedade civilizada, um tribunal de direito tem o propósito de ser imparcial, e que se espera que questões como veredito e pena não sejam influenciados por partes interessadas, e essa é precisamente a razão pela qual eles são entregues a um juiz e a um júri, e pela qual a justiça é retratada com uma venda. Tribunais informais e turbas linchadoras podem ser influenciados pelas virtudes peculiares do falecido, mas não tribunais de direito devidamente constituídos.

É verdade que não se permite que as declarações de impacto familiar em casos de homicídio tenham influência sobre o resultado do processo. Elas só são apresentadas após o júri ter entregue seu veredito; e, ainda que elas sejam feitas antes que o juiz anuncie a sentença, o juiz tem ordens específicas para não as considerar nela. Ele tem de ouvi-las, mas apenas como um macaco que não ouve mal. Assim, apenas a aparência, e não a realidade dos tribunais informais, surge como resultado dessas declarações.

Pobre juiz, que ouve uma emotiva declaração de impacto familiar, e mesmo assim precisa dar uma pena comparativamente leve logo depois por causa de circunstâncias atenuantes, como exigido pela justiça. Como a maioria das pessoas está à mercê da última coisa que ouve, ele a muitos parecerá um bruto insensível: como ele poderia desconsiderar as palavras de sofrimento de mãe / esposa / marido / filho / filha? Não apenas se comete a injustiça, como se vê que ela é cometida.

O folheto produzido para as famílias das vítimas de assassinato pelo Sistema de Justiça Criminal, pelo Home Office, pelo Serviço de Promotoria da Coroa e pelo Departamento de Assuntos Constitucionais, e que explica declarações de impacto familiar, intitula-se "Sua decisão de ter uma voz no tribunal". (Interessante é que a versão impressa descarregada da internet da declaração de missão omite a letra l, de modo que o texto diz: "Trabalhando juntos pelo púbico". Sempre suspeitei que a ineficiência do sistema fosse causada por sabotadores.) Em lugar nenhum do folheto está explicado que a declaração verbal não vai fazer diferença nenhuma para nada, nem que não terá qualquer efeito prático.

O folheto pergunta: "De que serve fazer uma declaração?". A resposta é a seguinte:

> Essas declarações dão às famílias das vítimas de homicídio uma voz no sistema de justiça criminal. Dar uma declaração permite que você diga ao tribunal como o homicídio afetou sua família.

E isso é tudo: não há menção ao fato de que o juiz pode não levá-la em consideração em sua capacidade judicial.

De fato, a impressão oposta é dada pelo velho truque retórico de *suggestio falsi* e *suppressio veri*, sugerir uma falsidade e suprimir a verdade. O folheto diz ao leitor que ele pode dar sua declaração por escrito, que pode lê-la em pessoa no tribunal, ou que um dos advogados da acusação pode lê-la, mas que "não importa como você decida dar sua declaração de impacto, o juiz vai dar-lhe igual consideração".

Estritamente falando, isso é verdade: afinal, desconsiderá-las todas é considerá-las todas igualmente. Mas certamente não é essa a impressão dada pelo folheto, suspeito que intencionalmente e com vil astúcia. A impressão de que a declaração de impacto familiar fará alguma diferença prática é ainda mais reforçada pelas seguintes palavras:

> A declaração de impacto familiar será apresentada ao juiz, à defesa e à acusação antes de o réu receber a pena... O tribunal ouvirá a

declaração familiar após o réu ser condenado, mas antes que ele receba a sentença.

Quem concluiria disso que a declaração da família da vítima na verdade não passa de palavras ao vento? Por que um documento sem qualquer importância prática deveria ocupar o tempo e a atenção de três pessoas muito bem remuneradas se ele é de fato nulo e sem valor?

Qual, então, é o propósito da declaração de impacto familiar? Na mais generosa interpretação possível, é dar às pessoas que sofrem a oportunidade de ventilar sua emoção em público, e, por meio disso, presume-se, reduzir seu sofrimento. Trata-se de uma manobra terapêutica cujo fim é impedir que a emoção se volte para dentro e cause ainda mais dano àquele que sofre.

Isso equivale a lançar mão de dois pressupostos, o primeiro dos quais talvez não seja verdadeiro. O segundo certamente não é.

O primeiro é que ventilar emoção em público é sempre algo bom e saudável, e que manter dignamente o silêncio, ou demonstrar fortaleza, é sempre uma coisa ruim e nociva. Mas mesmo que ventilar emoção em público fosse algo bom e saudável, não se seguiria que um tribunal de direito é o lugar para fazê-lo.

O segundo pressuposto é que um tribunal de direito é uma instituição terapêutica, cujo fim, entre outros, consiste em restaurar o equilíbrio psicológico das vítimas ou dos parentes próximos das vítimas. Num sentido bastante amplo, claro, os tribunais têm uma função terapêutica, mas para a sociedade como um todo, não para os indivíduos presos a casos particulares: os tribunais demonstram que vivemos num mundo justo, ou ao menos previsível, e não inteiramente arbitrário, em que a reparação do mal é administrada imparcialmente. Se os tribunais oferecem terapia, trata-se de terapia de grupo, não individual.

Uma das objeções contra julgar os assassinos de Jamie Bulger,[2] extremamente jovens, num pleno tribunal de direito, com todo o cerimonial

---

[2] Em 12 de fevereiro de 1993, James Patrick Bulger, de dois anos de idade, foi torturado e morto por dois garotos de dez. Seu corpo foi encontrado perto de Liverpool. (N. T.)

intimidador a ele associado, era que aquilo seria (ou seja, é razoável supor que deveria ter sido) traumático para eles. Na verdade, a objeção foi empiricamente desmentida, até onde se pode avaliar, porque os dois garotos ficaram em boa situação – aliás, muito boa – graças a todo o cuidado e a atenção oficiais que receberam enquanto assassinos de Jamie Bulger. Foi uma grande pena, como observou o escritor Blake Morrison, que eles tenham tido que matar Jamie Bulger para obter uma boa formação, comentário inteiramente preciso e justificado que deveria fazer todo ministro de governo britânico dos últimos cinquenta anos baixar a cabeça de vergonha. Mas as crianças se recuperam, e o cerimonial do tribunal, além de ser muito menos traumático do que sua criação por parte de seus parentes, permitiu que eles soubessem que o mundo levava muito a sério aquilo que eles tinham feito e que aquilo não era assunto para se resolver numa conversinha amigável, em que os sentimentos deles tivessem suprema importância.

O tribunal que julgou os garotos não se reuniu para fazer com que eles se sentissem melhor em relação a si mesmos. Pode-se argumentar a respeito da idade própria da responsabilidade criminal (ainda que os dois garotos em questão soubessem o suficiente a respeito de certo e errado para mentir aos policiais que os interrogaram sobre suas ações), mas essa é outra questão. Os tribunais criminais não foram instituídos para o benefício psicológico daqueles que são julgados neles, e é sentimental supor que tenham sido.

De todo modo, é possível ver por trás da introdução de declarações de impacto familiar algo muito mais hipócrita e até muito mais sinistro do que um mero equívoco a respeito do valor terapêutico de ventilar emoções em público e do devido propósito dos tribunais criminais. Não se deve criticar os políticos por buscarem vantagens políticas faccionais nas medidas que defendem e que instituem, mas deve-se criticá-los quando essa vantagem é seu único propósito real.

Há na Grã-Bretanha muito desconforto em relação à leniência do sistema de justiça criminal. Quase diariamente em nossos jornais aparecem histórias de atos violentos, incluindo o assassinato, cometidos por pessoas que já estão sob fiança, ou em liberdade condicional, ou que foram recentemente libertadas da prisão após terem cumprido uma pena curta por outro crime violento.

Por exemplo, Garry Newlove saiu de casa para impedir que três rapazes danificassem carros estacionados. Eles o atacaram e o chutaram até a morte. Um deles se chamava Adam Swellings, e tinha sido libertado sob fiança apenas poucas horas antes de ter participação importante num assassinato, tendo sido acusado de agredir uma moça e de impedir a ação de um policial. Ele também tinha sido libertado sob fiança nove dias antes, tendo sido acusado de agredir a mesmíssima moça, cuja vida aparentemente ele tinha transformado no inferno na terra. Não era preciso ser muito clarividente para prever que era improvável que ele obedecesse as condições de sua fiança.

Nas provas que apresentou, Adam Swellings implicitamente admitiu que Adele Eastman tinha razão quanto à maneira como são travadas as batalhas de rua. Disse ele: "Não é certo chutar um homem no chão. No mínimo, você espera ele levantar para derrubar ele de novo".

A Sra. Newlove, hoje viúva, usou a ocasião da condenação dos assassinos do marido para chamar atenção em público para as falhas do sistema de justiça criminal. Ela disse que rapazes da área atormentavam os residentes. Ela temia pela segurança dos três filhos, caso fossem sozinhos fazer compras. Seu carro tinha sido danificado muitas vezes. Nos fins de semana, sua família sentia-se aprisionada na própria casa pelo comportamento dos bêbados do lado de fora. Um garoto tinha sido seriamente agredido na frente de sua casa dois meses antes do assassinato do Sr. Newlove. A polícia não tinha feito nada para enfrentar o problema. Ela disse: "Não é aceitável que sempre tenhamos de esperar por fatalidades para que algo seja feito... Vou lutar por Garry e espero que outras famílias não precisem passar por aquilo que passamos".

Agora, seria grosseiramente sentimental tomar um único caso, como o do Sr. Newlove, por mais comovente que seja, e por mais assustadores que sejam os erros cometidos pelo sistema de justiça criminal, e formular políticas públicas exclusivamente a partir dele. Todo sistema que trate de um grande número de casos às vezes cometerá erros.

Um caso individual como o do Sr. Newlove, portanto, só pode ser esclarecedor, e não meramente horripilante, se for emblemático de algo maior do que ele mesmo: e é preciso ter experiência e conhecimento para julgar se ele é emblemático ou não. Contudo, há no caso indícios de que ele seja.

Certamente, não seria preciso um grande conhecimento ou compreensão da conduta humana para perceber que era improvável que um rapaz sob fiança por ter agredido uma garota, e que agrediu outra vez a mesma garota, ficasse tão impressionado com a majestade da lei que, a partir daquele momento, fosse obedecê-la apenas porque lhe pediram isso. A polícia sabia disso, assim como a promotoria; talvez 99,99% da população emitisse um juízo semelhante. Porém, o magistrado decidiu contra as objeções da polícia e da promotoria e libertou o rapaz para que ele usasse drogas, se embebedasse e matasse.

É possível que o magistrado, ao libertar o rapaz sob fiança e com a condição de que ele não fosse à cidade em que vivia a moça que ele agredira duas vezes, e onde ele logo cometeria assassinato, estivesse interpretando corretamente as orientações estabelecidas para ele por seus superiores (as decisões judiciais não refletem as opiniões privadas ou inclinações dos juízes). Mas, se for esse o caso, pior ainda para as orientações, que pareceriam ter tão pouca consideração pela segurança pública comparativamente a algum outro objetivo inteiramente secundário, como manter o número de jovens infratores sob custódia dentro de certos limites, não importando sua conduta ou a ameaça que apresentem.

Pode-se objetar, claro, que se você prendesse cem ou até mil desses rapazes, talvez apenas um assassinato ou uma agressão grave fossem impedidos. Isso me parece altamente improvável, porque rapazes dessa natureza raramente desistem antes de encontrar um objeto inamovível, ou de amadurecer espontaneamente. Porém, ainda que, para manter o argumento, aceitemos os números acima, nada haveria de injusto, mas exatamente o contrário, em prender os cem ou até mil homens, desde que houvesse bons indícios *prima facie* de que eles tivessem feito aquilo que tinham sido acusados de fazer. E, no caso em questão, praticamente não havia dúvida.

De fato, é bastante considerável o número de crimes violentos cometidos por aqueles libertados sob fiança ou em liberdade condicional,[3] ou

---

[3] A teoria em que hoje se baseia a liberdade condicional é inteiramente sentimentalista, ainda que fosse realista quando a liberdade condicional foi introduzida. Originalmente, a condicional era uma alternativa à prisão para réus primários que temiam o encarceramento. Era persuasão e um apelo à razão, com o apoio

libertados após cumprir parte da pena. É preciso refletir muito pouco também para entender que esse modo de lidar com criminosos violentos está organicamente relacionado ao aumento da intimidação de testemunhas, o que faz com que uma porcentagem maior de casos levados ao tribunal não se sustentem. Se um homem pode dizer, e dizer com verdade, a suas vítimas ou às testemunhas: "Lembre-se de que em seis semanas vou estar andando na mesma rua que você", dificilmente chega a surpreender que as vítimas ou que as testemunhas não estejam dispostas a depor contra ele. O resultado é impunidade, pelo menos até que o criminoso cometa um crime tão grave que não possa mais ser ignorado (*de facto* ainda que não *de jure*). Nessas circunstâncias, o criminoso pode admitir sua culpa, usando expressões como: "Eu não sabia o que estava fazendo", sugerindo que até o momento em que cometeu o crime que não podia ser ignorado ele sabia perfeitamente. Pode-se mutilar e aterrorizar, mas não matar.

Em outras palavras, ainda que a Sra. Newlove estivesse tirando vastas conclusões a partir de um único caso, o de seu marido, ela não foi sentimental ao fazê-lo; na verdade, ela estava tentando realizar um serviço público, enunciado um argumento. Ela estava sendo impelida, sem dúvida, pela raiva – mas quem não estaria com raiva nas circunstâncias em que ela estava? Contudo, a expressão de sua raiva e de outras emoções não era um fim em si mesmo, como é na declaração de impacto familiar. Se aquilo foi terapêutico para ela, não era esse o propósito.

---

de uma sanção crível caso o apelo não funcionasse. Porém, a condicional passou a ser vista como uma sanção em si, até para pessoas que tinham demonstrado amplamente, por seus atos pregressos, que não tinham qualquer intenção de dar ouvidos a esse apelo. Ela foi usada apenas para manter baixa a população carcerária. A suposição de que as pessoas que tinham cometido inúmeras infrações parariam de cometê-las só porque visitavam por quinze minutos um homem ou uma mulher honesta uma vez por semana, ou a cada duas semanas, faz com que os romances publicados por Mills & Boon pareçam obras de realismo social com personagens sujos de carvão. As causas da criminalidade, como tantas vezes ouvimos dos criminologistas, são tão complexas que nenhum ser humano normal pode compreendê-las; mas me parece provável que ao menos uma das causas seja a falta de consequências sérias para a conduta criminosa.

É claro que a declaração de impacto familiar é (ou, ao menos, é razoável interpretá-la como) um elaborado artifício para dar às famílias das pessoas assassinadas e ao público falsas esperanças de que o sistema de justiça criminal e o governo se sensibilizam com suas preocupações a respeito dos altos níveis de violência na sociedade. Dificilmente seria ir longe demais dizer que a declaração de impacto familiar foi criada (no que diz respeito a seus efeitos, se não a seus propósitos) para reduzir a possibilidade de que pessoas como a Sra. Newlove reclamem com a imprensa ao dar-lhes a satisfação de ganhar um dia no tribunal, com a ilusão de que estão fazendo alguma diferença.

Esse artifício, é claro, só poderia funcionar numa sociedade em que fosse amplamente aceito que a expressão da emoção é em si um bem, independentemente de qualquer outro efeito que possa ter: uma sociedade amplamente sentimentalizada.

4. A Exigência de Emoção Pública

Em 3 de maio de 2007, uma garotinha chamada Madeleine McCann desapareceu no balneário de Praia da Luz, no Algarve, em Portugal. Seus pais, ambos médicos, estavam jantando a menos de 150 metros de distância e tinham deixado Madeleine e suas duas irmãs mais novas no apartamento do hotel, voltando mais ou menos a cada meia hora para ver como elas estavam. Cerca de dez da noite, Madeleine desapareceu, e até hoje ninguém sabe como ou com quem. O caso capturou a imaginação, ou pelo menos a atenção da mídia, do mundo inteiro, e não demorou para que o rosto de Maddy ficasse tão fácil de reconhecer como o de qualquer estrela de cinema ou jogador de futebol.

O fato de ela ser uma criança bonita com um sorriso cativante ajudou. Ela era a personificação da inocência da infância; seus pais, de boa formação e bem-sucedidos, eram precisamente o tipo de pessoas que não costumam enfrentar tragédias como essa, mas que atravessam a vida como uma faca quente corta manteiga, ganhando muito dinheiro e aposentando-se sem angústias financeiras na velhice. Por essa razão, sem dúvida, eles puderam mobilizar os meios de comunicação de massa, que, como sempre, estavam alerta para as possibilidades da história. As vendas de jornais na Grã-Bretanha subiram significativamente nos primeiros dias do drama, e nos meses seguintes o caso lançou uma sinistra luz sobre a vida emocional não só da Grã-Bretanha, mas de muitos outros países. O desaparecimento de Madeleine, bem como as tentativas de seus pais de encontrá-la, provocaram demonstrações emotivas impressionantes, considerando que a família McCann era completamente desconhecida.

Um único caso, bem escolhido, pode ser emblemático ou ilustrativo de um problema mais amplo, é claro. Setenta e sete mil crianças desapareceram na Grã-Bretanha ano passado e, ao passo que a vasta maioria delas foi encontrada ou devolvida em horas ou dias, um número significativo delas tornou-se aquilo que a polícia chama de "desaparecidos de longo prazo", e presume-se que a contínua ausência de cada uma delas causou imensa aflição a alguém. Mas nunca vi esse caso descrito no contexto mais amplo das crianças desaparecidas. O particular nesse caso permaneceu estritamente particular. É inteiramente provável que a beleza da própria criança, e o fato de que seus próprios pais eram felizes, bonitos e profissionais de sucesso, do tipo cujos filhos geralmente não desaparecem em circunstâncias obscuras, contribuiu para tornar o desaparecimento uma *cause célèbre*, assumindo em iguais partes os traços de um livro de suspense e de uma estreia de Hollywood.

De modo algum todas as emoções suscitadas pelo caso foram ternas; de fato, às vezes, elas parecem simultaneamente ternas e brutais, como quando uma mulher negra chamada Shona Adams, que dirige uma agência de modelos especializada em encontrar sósias das celebridades, recebeu ameaças de morte e insultos racistas após se saber que ela tinha encontrado uma garotinha que tanto se parecia com a desaparecida Madeleine que talvez fosse contratada por uma vasta soma em dinheiro para fazer o papel de Madeleine num filme a ser feito sobre o episódio, soma da qual, é claro, a agência receberia uma parte generosa. (Aparentemente, a agência tinha sido abordada por centenas de possíveis sósias, ou melhor, pelos pais dessas sósias.)

O que poderia ter passado pelas cabeças daqueles que ameaçaram Shona Adams de assassinato? Ao agir dessa maneira, presume-se que tenham visto a si mesmos como guardiães da chama de Madeleine, seja lá o que isso signifique; talvez eles pensassem na memória dela como algo precioso demais para ser maculado e explorado de maneira tão grosseiramente comercial. Porém, se era esse o caso, é bem estranho que só a proprietária da agência tenha sido escolhida para receber ameaças de morte, uma vez que ela não era o único elo numa corrente comercial. Além disso, e mais fundamentalmente, é difícil enxergar como ameaças de violência, tenham elas sido sinceras ou não, possam contribuir para manter a memória de Madeleine intocada por considerações mundanas.

Que sentimento é esse que move uma pessoa a ameaçar de morte uma completa estranha por causa de seu envolvimento na exploração comercial de outra completa estranha, ainda que seja uma estranha sem idade o suficiente para ter cometido os pecados do ser humano médio? Quase certamente o sentimento é intenso, mas superficial e fugidio, a ser ressuscitado num futuro próximo por outro caso de partir o coração e de fazer as lágrimas correrem. E outra vez o sentimentalismo parece estar dialeticamente relacionado na imaginação, quando não nos atos, à violência e à brutalidade.

Outro ato não terno suscitado pelo caso foi uma petição eletrônica enviada a Downing Street, nº 10. Seu texto era o seguinte:

> Nós subscritos nos dirigimos ao primeiro-ministro para pedir ao Serviço Social de Leicestershire que cumpra sua obrigação estatutária de investigar as circunstâncias que levaram Madeleine McCann, de três anos, e suas irmãs mais jovens a serem deixadas sem acompanhamento num quarto destrancado no andar térreo de um hotel. Pedimos que o primeiro-ministro faça isso para refletir uma abordagem imparcial da importante questão da proteção das crianças. Também queremos garantir que nenhum pai jamais poderá escapar à responsabilidade pela segurança de seus filhos citando o exemplo do Sr. e da Sra. McCann, cuja negligência está sendo descontada de maneira nada sensata na grande onda de simpatia gerada por sua campanha midiática.

Esse belo documento foi uma dentre 29 mil petições recebidas por Downing Street desde que o governo, há cerca de um ano, deu início ao programa de petições eletrônicas. A petição foi rejeitada, como milhares de outras, por sua linguagem ofensiva. (O programa inteiro é de todo modo suspeito, mais um osso jogado para um povo cada vez mais desconfiado de que a máquina do governo escapou inteiramente a seu controle. E, como não chega a surpreender, ele é um convite ao sentimentalismo. "Nós subscritos pedimos ao primeiro-ministro que faça pressões junto à União Europeia ou a qualquer figura de poder na imprensa sobre as crianças abandonadas da Bulgária." Por que especificamente as crianças abandonadas da Bulgária? A pergunta é inevitável. E o que é "fazer pressões" em relação a qualquer coisa, como se mostrar sua preocupação em si fosse um fim e uma virtude?)

Dúvidas a respeito da prudência do casal McCann em deixar os filhos enquanto jantavam num restaurante a 150 metros de distância podem ter ocorrido a muita gente, sobretudo ao próprio casal, mas certamente é preciso uma sordidez particular, um sadismo mascarado de preocupação sentimental pela segurança das crianças, para iniciar uma petição pedindo que o casal seja punido além da perda de sua filha – a menos, é claro, que você achasse que o casal foi diretamente responsável pelo desaparecimento de Madeleine.

O casal McCann, porém, apelou para o sentimentalismo do mundo de um modo que poderia ser considerado inescrupuloso. Num *website* visitado por 80 milhões de pessoas nos primeiros três meses depois do desaparecimento de Madeleine, havia a oportunidade de comprar mercadorias, incluindo pulseiras que diziam "Procure Madeleine", descritas como sendo "de boa qualidade... para continuar lembrando você a respeito de Madeleine", e que vinham acompanhadas de pôsteres, além de camisetas com um retrato de Madeleine e a legenda "Você, não se esqueça de mim".

Confesso que me veio à mente um paralelo com o *merchandising* sentimental da imagem de Che Guevara. Achei perturbadoras as palavras "Você, não se esqueça de mim", e muito diferentes em seu sentido de "Não se esqueça de mim". A última é um apelo; a primeira tem um tom intimidador ou ameaçador. Parece que ela diz: você, não se esqueça de mim, ou vai ver só. Mas o que é esse "ou vai ver só"? Uma espécie de maldição? Se você me esquecer, algum terrível infortúnio recairá sobre você? O mais provável é que, se você me esquecer, não terá direito nenhum a considerar-se ou a ser considerado pelos outros uma pessoa decente e compassiva: e isso apesar do fato de que, não importando o quanto você se lembre de Madeleine, é extremamente improvável que você vá poder sob qualquer aspecto ajudar a encontrá-la. Aqui entramos no reino do rei Bérenger I, protagonista da peça *Le Roi se Meurt* [A Morte do Rei], em que o rei, completamente autocentrado e egoísta, faz o seguinte discurso de desespero existencial quando descobre que logo morrerá e não pode escapar da morte:

> Ah, que eu seja lembrado. Que haja gritos e desespero. Que minha memória seja perpetuada em todos os manuais de história. Que o mundo inteiro saiba de cor a minha vida. Que ela seja revivida por todos. Que os alunos e os professores só estudem a mim, meu reino, meus feitos. Que todos os outros livros sejam queimados, que todas as estátuas sejam destruídas, que a minha seja colocada em todas as praças públicas. Minha imagem, em todos os ministérios, nos escritórios de todas as subprefeituras, nas controladorias fiscais, nos hospitais. Que meu nome seja dado a todos os aviões, a todos os barcos, em todos os carros e carroças. Que todos os outros reis, guerreiros, poetas, tenores e filósofos sejam esquecidos, e que só haja a minha pessoa em todas as consciências. Um único nome de batismo, um único nome de família para todo mundo. Que se aprenda a ler soletrando meu nome: B-é-Bé, Bérenger. Que eu figure nos ícones, que eu esteja em milhões de cruzes em todas as igrejas. Que digam missas por mim, que seja eu a hóstia. Que todas as janelas iluminadas tenham a cor e a forma dos meus olhos, que os rios desenhem nas planícies o perfil de meu rosto! Que eu seja chamado eternamente, que supliquem a mim, que me implorem.[1]

De novo, é difícil ver como usar uma pulseira com o nome de Madeleine poderia ter alguma utilidade prática para encontrá-la. (Reparei que os tamanhos pequeno e grande estavam esgotados, mas não sei quantos foram colocados à venda inicialmente. Presumo que tenham sido milhares.) Sua principal função era levantar dinheiro para a empresa que o casal McCann criou após o desaparecimento de Madeleine, uma empresa que

---

[1] O trecho foi traduzido do original de Ionesco, *Le Roi se Meurt*. Paris, Gallimard (coleção Folio), 1982, p. 71–72. (N. T.)

não era uma obra de caridade, como tanta gente há de ter descuidada mas compreensivelmente imaginado, mas uma empresa sem fins lucrativos entre cujos propósitos estava o sustento financeiro da família McCann (isto é, deles mesmos) em suas peregrinações pelo mundo em busca de... Bem, em busca do quê, exatamente? Da filha? De absolvição? De publicidade?

A atividade frenética do casal, compreensível nas circunstâncias, ainda que não necessariamente louvável, não teria tido efeito se o mundo não estivesse preparado para prestar atenção nele. A mídia sabe reconhecer uma história que terá apelo perante o sentimentalismo das massas, e assim foi criado um comércio para pulseiras de Madeleine.

O que poderia se passar na cabeça de quem as comprou? Talvez eles tenham achado que estavam realizando um ato de caridade ao fazê-lo, mas é possível contribuir para a caridade sem demonstrar; aliás, o ensinamento religioso tradicional do Ocidente é que devemos realizar nossos atos de caridade longe do olhar dos outros.

Além disso, basta pensar um momento para deixar claro que todas as pessoas que ouviram falar do desaparecimento de Madeleine, excetuando talvez aqueles que foram responsáveis por ele, e algumas pessoas de disposição maldosa, esperariam que ela logo fosse devolvida sã e salva para seus pais. Elas não desejariam isso muito profundamente, claro, porque elas têm muitas outras coisas mais importantes com que se preocupar; mas, na medida em que o caso chegou a adentrar suas consciências, elas esperariam que Madeleine não tivesse sido morta.

Para aqueles que compraram as pulseiras, ou mesmo as camisetas, essa reação morna à tragédia não teria sido suficiente. Para ser uma pessoa virtuosa, é preciso sentir cada tragédia como se ela tivesse acontecido consigo mesmo. Isso colocaria um belo fardo sobre as pessoas, já que há tantas tragédias no mundo; mas, felizmente, apenas uma pequena parte delas chega a ganhar atenção. E, quando uma tragédia como a de Madeleine ganha atenção, cada pessoa tem o dever de reagir como se tivesse sido pessoalmente afetada por ela.

O comprador da pulseira está demonstrando para o mundo a força de sua compaixão e, portanto, de sua virtude; mais ainda, está demonstrando a superioridade da força de sua compaixão e, portanto, de sua virtude, em comparação com aqueles – a maioria – que não compraram a pulseira. Ele pertence, portanto, a uma elite, moral e emocional. Nunca o dinheiro foi tão bem gasto (as pulseiras, de alta qualidade, custavam duas libras cada).

O caso despertou interesse no mundo inteiro: logo Madeleine tinha sido avistada mais vezes, do Marrocos à Bélgica, do que o monstro do lago Ness em toda a sua história. Quando os McCann foram ao Marrocos para averiguar uma investigação por lá, eles visitaram, como se fossem chefes de Estado, uma escola primária na qual as crianças tinham produzido diversos pôsteres pedindo o retorno de Madeleine. Tiveram uma audiência com o papa, que ofereceu suas preces por seus esforços de encontrar a filha, e a revista *Vanity Fair* publicou uma longa reportagem sobre o caso. Chegou-se a cogitar um longa-metragem, e as estações de TV americanas estariam em guerra para ver quem pagava mais para entrevistar o casal.

Se o sentimentalismo está chegando, a sordidez pode estar muito longe? O principal articulista do jornal *The Sun*, Oliver Harvey, achou adequado acusar implicitamente os McCann de terem matado a própria filha, o que seria evidenciado por eles terem demonstrado emoção insuficiente nos dias que se seguiram ao desaparecimento. O jornal tinha anteriormente pedido aos leitores que ajudassem a encontrar Madeleine usando uma fita amarela, sem, é claro, explicar o que uma coisa teria a ver com a outra (afinal, o sentimento é tão mais importante do que a racionalidade); mas o Sr. Harvey, lutando contra sua inclinação natural de simpatizar com os pais angustiados, disse o seguinte:

> Minhas inquietações começaram com a falta de emoção demonstrada pelos McCann naqueles primeiros dias após o desaparecimento de Madeleine. Não havia um choro incontrolável, nem lábios trêmulos, nem soluços de desespero. Então, o desconforto transformou-se numa dúvida horrenda e pertinaz. Dói-me dizer isto, mas hoje temo que haja algo de errado com a história de Kate e Gerry [o casal McCann]. Seria possível que os McCann tivessem enterrado secretamente a filha e inventando uma imensa ficção para enganar o mundo? Uma teoria... é a seguinte: Madeleine toma sedativos demais para ajudá-la a dormir. Morre por acidente. O casal McCann

precisa tomar uma decisão instantânea para salvar a carreira e impedir que as gêmeas sejam colocadas sob custódia, e para não ter de lidar com o sistema judiciário de um país estrangeiro.

Em outras palavras, como os McCann não choraram nem soluçaram diante das câmeras, como as multidões têm o direito de esperar e de exigir, como se o mundo fosse uma gigantesca arena para seu divertimento, segue-se que eles acidentalmente mataram a própria filha e a enterraram para salvar suas carreiras. Essa monstruosa inferência, publicada para a leitura de milhões, baseia-se no pressuposto de que quem não chora não tem sentimentos, e quem não tem sentimentos deve ser culpado dos mais hediondos crimes.

Não que o autor dessas odiosas linhas seja inteiramente fidedigno quanto à natureza do que ele mesmo sente. Quando ele nos diz que o desconforto se transformou "numa dúvida horrenda e pertinaz", você interrompe a leitura. Realmente, uma dúvida horrenda e pertinaz! Se ele realmente achasse que as dúvidas eram horrendas, se elas fossem realmente pertinazes, ele as guardaria para si, porque uma dúvida, por sua própria natureza, indica que aquilo de que se duvida não é certo. Não ter certeza de que aquilo que os McCann dizem é verdade significa não ter garantia de que aquilo que eles dizem é falso. E se aquilo que eles dizem é verdade, então, à dor de ter perdido um filho querido o autor dessas linhas acrescentou lhes a dor de uma acusação pública de assassinato, algo realmente vil de se fazer. Coisas permissíveis de pensar, ou de falar em privado, podem não ser permissíveis de pensar e de dizer em público; mas, naturalmente, a dissolução da distinção entre os dois âmbitos, privado e público, é um dos objetivos do sentimentalista.

Oliver Harvey não foi o único a ver indícios de culpa no autocontrole da Sra. McCann. Amanda Platell escreveu que não tinha visto "um autocontrole tão sinistro numa mulher desde que Lindy Chamberlain gritou 'Meu Deus, o dingo pegou meu neném'". Em outras palavras, autocontrole é sinônimo de culpa; não poderia haver implicação mais clara de culpa por associação.[2]

---

[2] Na verdade, deveria ser inocência por associação. Lindy Chamberlain era uma australiana, mãe de três filhos, incluindo um bebê de poucos meses que desapareceu durante uma viagem ao interior em 1980 (ver discussão no texto). A mãe foi à polícia e disse que um dingo [uma espécie de lobo (N. T.)] devia ter

Claro que é verdade que pessoas que cometeram os atos mais terríveis podem às vezes não demonstrar depois emoção nenhuma, ou porque são, por natureza, desprovidas de sentimentos humanos comuns, ou porque, por meio de algum método, psicológico ou não, impediram a memória daquilo que fizeram de chegar a sua consciência. Cerca de um terço dos assassinos não conseguem se lembrar do que fizeram, e alguns psicofisiologistas propuseram uma explicação fisiológica de por que isso acontece. Segundo esses psicofisiologistas, Tolstói estava errado quando escreveu que os assassinos que diziam não se lembrar do que faziam estavam simplesmente mentindo; seja como for, não é fácil expressar emoção a respeito daquilo que você não consegue lembrar, ou mesmo daquilo que você falsamente afirma não conseguir lembrar. Afinal, demonstrar muita emoção nessas últimas circunstâncias equivaleria a entregar o jogo.

Mas se é verdade que algumas pessoas que são culpadas não demonstram emoção, de modo algum se segue que todas as pessoas que não demonstram emoção são culpadas, ou que todas aquelas que demonstram são inocentes. Na minha carreira de médico carcerário, logo aprendi aquilo que, de todo modo, deveria ter sido óbvio a partir da mera reflexão sobre a natureza humana, isto é, que eu não deveria tomar a expressão emocional dos detentos e dos que estavam aguardando julgamento como indício em si mesmo de culpa ou de inocência. Existe, talvez, uma propensão natural

---

pego o bebê enquanto ela estava distraída. Sua expressão nada emotiva causou má impressão na polícia e, posteriormente, no público. Como poderia qualquer mãe que tivesse perdido um bebê, sem tê-lo matado ela mesma, permanecer tão fria? Ela foi, portanto, acusada de assassinato e condenada com rarefeitas provas circunstanciais e periciais. Passou quatro anos na prisão até que as provas periciais fossem amplamente desacreditadas, e foi tanto libertada quanto indenizada. Recentemente, um homem que afirma ter saído para caçar dingos na época do desaparecimento do bebê disse ter visto um dingo com um bebê na boca. Seja como for, se Lindy Chamberlain tivesse dado uns soluços à época, talvez tivesse escapado totalmente da prisão. A propósito, a mesma autora depois censurou a Sra. McCann por ter chorado em público quando abraçou suas outras duas filhas antes de fazer mais uma viagem. Ela citava (obviamente concordando) uma pessoa que conhecia a Sra. McCann, e que gostaria de saber: "Nada mais é privado?".

a fazer isso, mas deve-se resistir a ela. Ainda que eu não seja particularmente ingênuo, recordo-me de um homem cujas declarações de inocência a respeito de um assassinato brutal de que era acusado eram tão coerentes e tão convincentes que achei que ele de fato não fosse culpado. Assim que ele foi condenado, porém, e voltou do tribunal para a prisão, descreveu suas ações com os detalhes mais explícitos e horripilantes. E, certamente, a essa altura, já é lugar-comum que os parentes das vítimas de assassinato, que lacrimosamente apelam na TV a testemunhas do crime, às vezes são eles mesmos os assassinos.

Descobriu-se que os McCann tinham sido instruídos a não demonstrar emoção em público, porque (dizia-se) o raptor de Madeleine poderia sentir prazer ao vê-los angustiados. Mas isso não impediu nem os jornais nem os blogueiros de apontar sua ausência de emoção, que na opinião deles deveria ter sido simplesmente forte demais para ser controlada. Escreveu um blogueiro:

> Não estou dizendo que ela [a Sra. McCann] seja responsável por seu desaparecimento [de Madeleine] ou por sua morte, mas uma coisa que me chamou a atenção desde o começo, quando Madeleine desapareceu, foi a total falta de emoção dos McCann. O que me lembro de ver esses anos na TV de mães cujo filho tinha acabado de desaparecer é emoção extrema! Pânico!... Para dizer o mínimo! A Sra. McCann, em particular, sempre me pareceu ser inexpressiva, ou impassível, isso sendo uma mulher que não consegue encontrar a filha... Totalmente o contrário do que vi no passado, ou do que eu esperaria.

A advertência no começo desta entrada simplesmente não tem credibilidade; afinal, se a expressão alegadamente impassível da Sra. McCann não é indício de sua culpa, ou, ao menos, de sua conivência, qual seria a razão de mencioná-la? Parece que a recusa do casal McCann em exibir suas emoções em público provou tanta hostilidade contra eles, e tantos xingamentos, que o *Daily Mirror* se sentiu obrigado a tirar do ar seu *website* dedicado ao caso.

Um ou dois jornais tentaram recuperar a reputação pública do casal McCann noticiando que às vezes eles mostravam suas emoções em público.

O *Times*, por exemplo, noticiou que a Sra. McCann tinha chorado no voo de volta de Portugal para a Inglaterra, enquanto o *Daily Mirror* noticiou que ela chorou ao retornar, sozinha, para o quarto de Madeleine, pintado de rosa. (Quão sozinha podia ela estar para que isso tivesse sido noticiado, a menos, é claro, que a história inteira tenha sido inventada?) Se você quer a simpatia do público, ao que parece, você precisa chorar em público; o pesar é como a justiça, não devendo apenas acontecer, mas acontecer à vista de todos. E que Deus ajude aqueles que não choram.

A exigência de que a emoção seja mostrada em público, sob pena de que se presuma que ela não existe, indicando, portanto, uma consciência culpada, hoje não é incomum.

Uma moça britânica chamada Joanne Lees estava dirigindo em 2001 pelo interior da Austrália com Peter Falconio, seu namorado, quando eles foram parados por um homem sob o pretexto de que havia algo de errado com o veículo que eles conduziam. O homem atirou em Peter Falconio e depois amarrou Joanne Lees, quase com certeza preparando-se para estuprá-la e matá-la. Contudo, ela conseguiu fugir e correr para o mato, onde o agressor não conseguiu encontrá-la.

Ela contou sua história quando chegou a um lugar seguro, mas, como o corpo do namorado nunca foi encontrado, ela foi recebida com ceticismo. Mais ainda, sua falta de emoção diante dos repórteres e das câmeras de TV levou muita gente a lançar contra ela a suspeita, e mesmo a acusação, de ter inventado a história toda ou, pior ainda, de ela mesma ser assassina. Por algum tempo, a polícia pareceu suspeitar dela. A contenção emocional foi outra vez considerada prova de ausência de emoção e, portanto, prova de consciência culpada.

Mais de quatro anos depois, um homem chamado Bradley John Murdoch, com um longo histórico de criminalidade, foi considerado culpado pelo assassinato e pela tentativa de sequestro. Foi condenado a 28 anos de cadeia, e sua apelação contra a condenação foi rejeitada. Joanne Lees tinha sido completamente redimida, ao menos oficialmente.

Contudo, mesmo depois da condenação de Murdoch, uma estação de TV australiana chamada Network Nine achou por bem fazer uma enquete para verificar se os australianos achavam que o homem condenado era culpado. A crueldade disso com a vítima de um crime tão horrendo mal precisa ser ressaltada (e, mesmo que Murdoch fosse inocente, mesmo que, contra todas as probabilidades, tivesse havido um erro judicial, uma enquete em favor dele não teria constituído prova digna de credibilidade).

Praticamente a única razão para a enquete ter sido realizada estava no fato de a simpatia do público pela vítima nunca ter sido muito grande. E o jornal *The Australian* deixou clara a razão disso:

> Joanne Lees nunca gozou de grande simpatia do público, aqui e no Reino Unido, talvez por não ter demonstrado emoção em público após o sequestro e o assassinato em 2001.

O jornal *Daily Mail*, na Grã-Bretanha, fez uma observação semelhante:

> A aparente ausência de emoção da Srta. Lees após a morte do Sr. Falconio fez com que muitos questionassem sua história...

Poucos dias depois do desaparecimento de Peter Falconio, um artigo no *Guardian* observava, ainda que não com aprovação, que, se Joanne Lees tivesse se debulhado em lágrimas em público, ou feito apelos emocionais a testemunhas na frente das câmeras, então (apesar do fato de que aqueles que fazem esse tipo de apelo às vezes se revelam os culpados no caso) teriam acredito nela mais prontamente.

Após a condenação de Murdoch, Joanne Lees foi criticada por "se aproveitar" de suas experiências, por ter dado entrevistas pelas quais ganhou muito dinheiro, por ter aceitado um gordo adiantamento por um livro, e por ter considerado uma versão cinematográfica de sua história. Por essa reação se poderia supor que vivemos numa sociedade ascética de anacoretas completamente indiferentes à riqueza material. Seu livro, o de uma moça bastante comum sem talentos (ou pretensões literárias), era em si mesmo um sintoma da superficialidade emocional moderna, estando repleto de todos os clichês imagináveis de psicobobagens, indo de as pessoas sempre a apoiarem à necessidade de ela simplesmente ser ela mesma. A psicobobagem, é claro, é o modo de as pessoas falarem de si mesmas sem revelar nada, e certamente sem ter passado pelo doloroso processo de um verdadeiro autoexame. Trata-se, de fato, da manifestação pública da auto-obsessão sem qualquer compromisso com a verdade. Contudo, sua recusa em curvar-se à pressão para ser emotiva em público mostra que ela é digna de grande crédito.

Que significa essa pressão? Em primeiro lugar, o abandono de uma virtude cardeal, a fortaleza, como ideal cultural. Hoje se considera que controlar a expressão das emoções para não ser inconveniente nem causar constrangimentos aos outros, e em nome do respeito próprio, é algo que está longe de ser admirável. Pelo contrário, é algo considerado psicologicamente nocivo ao eu, e uma traição para com os outros.

É psicologicamente nocivo ao eu porque a repressão inevitavelmente resulta em efeitos prejudiciais depois: afinal, a emoção é um fluido que, como todos os fluidos, não pode ser comprimido e, portanto, vai manifestar-se de algum jeito. Por exemplo, aqueles que não fazem o devido luto por um ente querido que se perdeu, isto é, que não se expressam com soluços, lágrimas e choros, ficarão seriamente deprimidos um pouco depois na vida; e aqueles que não expressam sua raiva têm mais chance de sofrer ataques do coração ou de ter câncer. A agressão não expressada contra os outros inevitavelmente se transforma em agressão direcionada para si mesmo.

Ocultar as próprias emoções é traiçoeiro com os outros porque implica uma desconfiança deles, uma falta de confiança em sua capacidade de compaixão. O ocultamento é furtivo, dissimulado, desonesto e culpado; o homem bom nada tem a esconder, sua vida é um livro totalmente aberto. Na verdade, quanto melhor ele for, mais aberto ele é: idealmente, devíamos viver num mundo de pleno fluxo de consciência, em que dizemos sem reservas tudo aquilo que pensamos. E como, quando fomos raptados e ameaçados de morte no interior da Austrália, é inteiramente natural que tenhamos ficado muito angustiados, segue-se que alguém que diga que teve essa experiência sem demonstrar grande emoção a respeito deve ou estar mentindo ou ser uma pessoa dissimulada, furtiva, desonesta, desconfiada e indigna da nossa simpatia.

A exigência de que a vida seja vivida assim abertamente é impossível. A maioria de nós provavelmente seria linchada em minutos se decidíssemos expressar em público cada ideia que nos vem à mente. Porém, só porque uma demanda ou um ideal é impossível de ser posto em prática, isso não significa que ele não tenha influência ou importância. A expectativa de que as pessoas expressem suas emoções ou enfrentem o risco de que não acreditem que elas têm emoções na verdade inibe o exercício da imaginação, e toda faculdade que não é usada logo se atrofia. Por que fazer um esforço para imaginar quando se espera que tudo seja explícito? Porém, como a vida não pode ser vivida com tudo explicitado, isso significa que nossas simpatia e empatia por outras pessoas diminuem com a expressão da emoção em vez de aumentar – ao menos quando ela se torna excessivamente rotineira ou extravagante. Um homem que exclama "Caramba!" uma vez na vida transmite mais com essa palavra do que um homem que use continuamente expressões muito mais vulgares. Como todas as moedas, a da expressão emocional pode ser inflada e depreciada; e, outra vez, como no caso da moeda, o que é ruim afasta o bom.

É essencialmente tirânica a expectativa, que chega à exigência histérica, de que as pessoas expressem suas emoções em público após uma experiência traumática. Ela não reconhece que as pessoas são, por natureza, diferentes umas das outras; de acordo com essa exigência, todos devem conformar-se com um único padrão de conduta ou enfrentar o risco de serem considerados desumanos, esnobes ou emproados (expressão frequentemente usada para referir a esposa de Jeffrey Archer pelo apoio que ela estoica e reservadamente presta a ele em seus vários feitos desonrosos).

O caso de Joanne Lees não foi o primeiro na Austrália em que a ausência de emoção foi considerada indício da culpa da pessoa que a demonstrou. Em 1980, um bebê, Azaria Chamberlain, desapareceu no mato do Território Norte, perto de Ayer's Rock. A mãe, Linda Chamberlain, notificou o desaparecimento à polícia, dizendo que ela achava que um dingo devia ter pego o bebê. Discutiu-se muito se os dingos podem fazer ou se algum dia fizeram uma coisa dessas; hoje, porém, foi provado de maneira tão conclusiva quanto se pode provar qualquer fato do comportamento animal que eles podem e fazem.

Não surpreende que o caso tenha suscitado muito interesse (usando um eufemismo) na imprensa e na TV. De início, a história de Linda Chamberlain teve credibilidade; contudo, a opinião pública voltou-se de maneira decidida contra ela quando ela deu a impressão de ser fria e sem emoções. Ela não teve um colapso em público, chorando, como a ocasião parecia exigir, e como muitas pessoas presumiram que ela teria tido caso sua perda não tivesse sido causada por ela mesma. Nessa atmosfera, ela foi condenada por assassinato e recebeu a pena de prisão perpétua.

Alguns anos depois, foram encontradas provas que a exoneravam e que corroboravam sua versão original do desaparecimento. Hoje se aceita, de modo geral, que um dingo tenha levado Azaria Chamberlain. A ausência de emoção da mãe à época, portanto, foi causada por uma contenção consciente e por um desejo de manter sua dignidade, e não pela culpa; porém, a contenção e a dignidade são hoje maneiras de ser traiçoeiro, isto é, de ser traiçoeiro com as emoções.

Após a morte da princesa Diana, a rainha não demonstrou abertamente nenhuma aflição pela perda de sua antiga nora. O fato de que essa ausência de demonstração de emoção tenha sido universalmente considerada um desastre de relações públicas para a família real foi, em si, altamente significativo, por sugerir que o mais importante é a natureza pública da expressão da emoção. As emoções agora são como a justiça: não basta senti-las, é preciso que se veja que elas são sentidas.

O que os tabloides fizeram só pode ser considerado uma campanha de intimidação contra a soberana. Eles exigiram que, contra o uso e o costume, a bandeira da União fosse erguida a meio mastro no palácio de Buckingham, porque, afinal, o que é uma mera tradição diante de um acesso de emoção pública? Defender que uma tradição tenha precedência sobre esse acesso no que diz respeito a erguer ou não erguer uma bandeira é como defender uma heresia: isso sugere que os nossos desejos, os desejos do povo, não devem ser soberanos em todas as ocasiões e em todos os momentos, que a *vox populi* não é necessariamente nem em todas as circunstâncias a *vox dei*. E isso é anátema para a filosofia política que, conscientemente ou não, hoje tomou posse das mentes da maioria das pessoas. Não lhes preocupa que, se elas não sentem qualquer obrigação para com os costumes, tradições e realizações daqueles que vieram antes, seus próprios sucessores não sentirão qualquer obrigação para com seus costumes, tradições e realizações. *Agora, este exato instante* é o único momento histórico que conta.

"Onde está nossa bandeira?", perguntava a manchete de um jornal, e "Mostre-nos que você se importa", gritava a multidão em frente ao palácio de Buckingham (talvez deitando um ursinho em uma das pilhas de bichinhos de pelúcia que já tinham se acumulado em santuários improvisados pelo país). A rainha acabou cedendo à pressão, mas com uma sutileza que superou os valentões e chantagistas emocionais.

Sabendo ou não, os valentões não se deram conta de diversos aspectos de sua própria conduta, deixando de lado o fato de que, numa monarquia constitucional, o povo não tem com o monarca a relação que teria com um representante eleito, e muito menos aquela que há entre cliente e fornecedor. O fato de que a monarca à época já tinha idade bastante avançada não tinha a menor relevância para eles; afinal, numa sociedade em cuja cultura a juventude é não apenas a fonte de toda sabedoria e o critério de valor, como também uma aspiração e uma realização, não se deve qualquer respeito à idade, nem se deve fazer qualquer esforço para penetrar na visão de mundo de alguém nascido numa época diferente.

De fato, a intimidação da monarca foi sintomática da intolerância a qualquer reação à morte da princesa que não fosse a deles mesmos. Numa época em que a diversidade cultural seria supostamente valorizada em si mesma, certas diferenças culturais não devem ser toleradas, nem sequer permitidas. O primeiro-ministro à época, um homem que dava muita importância à sua própria jovialidade, que ele parecia supor que duraria para sempre (isso ele certamente desejava), o Sr. Blair, capturou perfeitamente o estado de espírito dos valentões emocionais: a falecida era a "princesa do povo". Depois, expressar até pequenas dúvidas a respeito da conduta ou das realizações da princesa exigia uma certa coragem, porque fazer isso implicava ser um inimigo do povo. O julgamento da maioria, ou ao menos daquelas pessoas que faziam mais barulho, devia estar certo: 40 milhões de ursinhos de pelúcia não podem estar errados.

"Mostre-nos que você se importa", gritavam as multidões em frente ao palácio, sem perceber que estavam intimidando a rainha, e não expressando qualquer pesar verdadeiro. Agora, ou a rainha sentiu pesar diante da morte de sua nora, ou não sentiu; se sentiu, certamente ela tinha o direito de sentir seu pesar em privado. Ela foi criada numa época em que se considerava uma questão de decência que as pessoas não demonstrassem suas emoções de maneira muito forte em público, e não algo culturalmente absurdo e psicologicamente prejudicial; além disso, como monarca constitucional, era seu dever engolir suas emoções sempre que aparecia em público, muitas vezes com pessoas que ela deve ter detestado ou desprezado. Esse autocontrole, zelosamente exercido por mais de meio século, há de ter se tornado para ela uma segunda natureza. Por razões muito fortes, ela não era o tipo de pessoa dada à autoexibição emocional.

Claro que é perfeitamente possível que ela tenha sentido muito pouco pesar, ou até mesmo nenhum. Nem mesmo os mais ferozes críticos da princesa, porém, teriam julgado correto que a rainha naquele momento enumerasse em público suas razões para não sentir nenhum pesar, ainda que elas fossem muito boas ou suficientes. De fato, teria sido muito errado que ela o fizesse. Mas se, de fato, ela não sentia pesar por sua ex-nora, então a exigência da turba de que ela demonstrasse pesar era, na verdade, uma exigência de que ela mentisse a respeito, de que ela representasse para deleite do público.

Além disso, há algo distintamente peculiar na exigência de que ela demonstrasse que se importava. Essa exigência era curiosamente aberta. Se importasse com o quê, ou para quem? Não estava especificado. Que ela se importava com sua ex-nora? Com as causas promovidas pela falecida princesa? Com a própria turba? Realmente, não importava muito, desde que ela expressasse algum tipo de emoção, atendendo à turba. Era uma exigência de que ela se conformasse.

A expressão pública de uma emoção profunda, ou de uma emoção supostamente profunda, é intrinsecamente coercitiva. Isso não equivale a dizer que ela nunca é adequada, mas apenas a dizer que há a questão da adequação. Quando alguém expressa uma emoção profunda, ou quando uma emoção bem menos forte é expressada *en masse*, espera-se que todo observador tenha algum tipo de participação ou de reação. É isso que se espera. Normalmente, tentamos consolar aquele que julgamos ter boas razões para seu pesar manifesto; congratulamos aquele que está alegre por ter recebido excelentes notícias. Quanto mais próxima for nossa relação com a pessoa que expressa a emoção forte, mais próxima de sua emoção costuma ser nossa própria reação, ainda que haja circunstâncias excepcionais em que não seja assim. Se permanecemos como pedra diante de uma pessoa num estado de grande emoção que devidamente julgamos ser genuína, e não damos absolutamente nenhum sinal de nos comovermos com ela, seremos suspeitos de não ter coração.

Além disso, todos aceitamos que existem formas exteriores que devemos obedecer. Se você vê um cortejo fúnebre passando, não se entrega aos risos naquele momento, mesmo que esteja se sentindo excepcionalmente alegre, naquele preciso momento, ainda que a pessoa que ocasionou o funeral lhe seja completamente desconhecida. Não é que você sinta uma tristeza particular pelo falecido – como você poderia, sem nem saber quem era? –, mas deve haver em seu comportamento naquelas circunstâncias um reconhecimento decente do destino último de todos nós em nossa humanidade comum, e um respeito pelos sentimentos dos enlutados. Porém, mesmo que por um momento você fique parado, em silêncio, e até abaixe um pouco a cabeça, chorar seria grosseiramente histriônico.

Assim, a resposta apropriada às emoções dos outros depende de diversos fatores. O que é claro, porém, é que a possibilidade do devido ordenamento das respostas depende da sinceridade geral da expressão emocional, isto é, da ausência de histeria ou do desejo de expressar mais do que aquilo que se sente. Teríamos compaixão por um homem que permanecesse por anos inconsolável por causa da perda de uma tampa de garrafa não por causa de seu pesar, mas porque ele é um lunático.

A exigência de que a rainha mostrasse à multidão que se importava, da maneira como a própria multidão dizia importar-se, independentemente de ela compartilhar ou não sua suposta emoção, subverte toda a ideia de sinceridade e de proporção da expressão. A exigência de que se demonstre respeito de forma exterior é uma coisa; a exigência de que ela seja expressada como estado interior é bem diferente. A multidão estava efetivamente exigindo que a rainha mentisse, ou que pelo menos estivesse preparada para mentir; e eis que surge a questão de que tipo de povo exige que lhe mintam desse modo. A resposta: valentões e tiranos. Não foi exatamente o que ela disse em resposta à intimidação deles que foi considerado um triunfo, portanto, mas o fato de ela ter sido forçada a dizer qualquer coisa, abandonando assim seu próprio código e aceitando o da multidão.

A rainha não foi a única pessoa a experimentar o veneno dos sentimentalistas após a morte da princesa. Quando o professor Anthony O'Hear publicou um artigo relativamente brando, sugerindo que a princesa tinha demonstrado "um egocentrismo infantil" em sua vida adulta e que o luto público após sua morte era sintomático de "uma cultura de sentimentalismo", alguns tabloides reagiram furiosos, um deles chegando a chamá-lo de "professor peçonhento, cara de rato, fracassado", o que não é muito forte como argumento, mas é um forte exemplo de como o sentimentalismo logo se transforma em vituperações ameaçadoras ou coisa pior. Aquilo serviu como aviso para outros de disposição semelhante para que não expressassem suas opiniões em público.

Foi essa tendência à vituperação, com seu fundo de incitação à violência, que impediu as muitas pessoas que não enxergaram a morte de Diana como uma importante tragédia nacional de expressarem suas opiniões por muito tempo. Elas foram discretas até que fosse seguro falar, até que a tempestade de sentimentalismo estivesse a uma distância segura. Quando enfim essas vozes se levantaram em público, receberam mais apoio do que insultos.

Os críticos que dizem que o episódio da morte da princesa e o período que lhe sucedeu não tiveram importância cultural porque a maioria da população não participou das histriônicas cenas públicas (é estranho que nenhuma pesquisa sobre atitudes e reações tenha sido realizada imediatamente depois) não estão entendendo o essencial. Mesmo que tenha sido uma pequena minoria que tenha feito extravagantes demonstrações de comportamento de luto, foi uma minoria que conseguiu impor seu tom, ao menos por um certo tempo, ao país inteiro. Discordar era ser um inimigo do povo.

Claro que a luta entre a expressão explícita e a expressão implícita da emoção, entre o grosseiro e o refinado, entre o falso e o verdadeiro, entre o histérico e o sincero, não é inteiramente nova, ao menos se considerarmos o que diz Shakespeare. Coriolano buscou o voto popular para tornar-se tribuno e foi aconselhado a mostrar suas feridas de guerra à multidão (ou melhor, à turba, porque em Shakespeare todas as multidões são turbas) para obter seu favor. Coriolano é orgulhoso demais para isso; ele acha que os excepcionais serviços que prestou ao Estado deveriam falar por si próprios, sem recurso a qualquer exibicionismo vulgar.

> De que modo
> falar-lhes? "Peço-vos, senhor..." Malditos!
> Não posso pôr a língua nesse passo.
> "Contemplai, meu senhor, estas feridas;
> no serviço da pátria ganhei todas,
> quando muitos dos vossos companheiros
> aos urros debandavam, só de ouvirem
> nossos próprios tambores."[3]

Sobre a recusa de Coriolano de mostrar suas feridas à multidão (a fim de mostrar que ele se importava), o Segundo Cidadão diz o seguinte:

> A não ser vós, há quem não afirme
> que nos tratou com insolência extrema.
> Não nos mostrou as cicatrizes de honra
> que recebeu lutando pela pátria.[4]

A tragédia de Coriolano é que, por causa de seu excessivo orgulho de casta, que equivocadamente julga ser honra, ele ativamente provoca a hostilidade da turba (não haveria tragédia se ele fosse um herói imaculado sem manchas de caráter). Mas, se Coriolano contribui em grande parte para sua própria queda, não pode haver dúvida quanto ao que Shakespeare pensa da turba e de suas exigências – de fato, a maneira como Shakespeare retrata as turbas de modo geral é uma rara pista para suas próprias opiniões pessoais.

De todo modo, a posição de Coriolano era muito diferente da posição da rainha, ainda que a da multidão fosse bastante parecida. Ele estava

---

[3] *Coriolano*, Ato II, Cena III. In: *Tragédias*. Trad. Carlos Alberto Nunes. Rio de Janeiro, Agir, 2008, p. 402. (N. T.)

[4] Idem, p. 403.

pedindo seu voto; ela, não. Suas feridas eram reais; as dela, se existiam, eram incognoscíveis.

O que é novo em nossa situação atual é que a elite, ou uma parte importante dela, passou, ou fingiu passar, para o modo de sentir da multidão. Quando o Sr. Blair chamou Diana de "princesa do povo", estava fazendo uma manobra política sutil e inteligente, ainda que talvez ele mesmo não estivesse ciente de suas implicações, assim como um bom jogador de futebol desconhece a física de um chute com efeito.

Nada poderia ser mais claro do que o fato de que o próprio Sr. Blair não tem nenhum desejo de viver entre a maioria de seus concidadãos, ou como eles. Por isso não se pode culpá-lo de todo: quem não preferiria ser rico a ter uma renda média ou mediana, ou dispor de bens acima da média ou mais do que medianos? Quem não preferiria viver no luxo e na beleza, e não em circunstâncias de limitação e de feiura? Quem não preferiria passar as férias no Caribe, e não em Clacton-on-Sea? Há, sem dúvida, aqueles que naturalmente sacrificam a si mesmos, que são indiferentes a seu próprio conforto e bem-estar, mas o Sr. Blair não está entre eles, nem deve ser criticado por não ser um deles, assim como ninguém deve. Sua ambição no que diz respeito à riqueza e ao luxo não é diferente da de milhões de outras pessoas, por mais inglória que seja essa ambição do ponto de vista filosófico elevado.

Contudo, seus meios de elevar-se acima do rebanho comum foi demonstrar, por razões políticas, uma preocupação especial e uma empatia com o rebanho comum, com "os muitos, não os poucos", como disse uma vez. Ele tomou cuidado para evitar qualquer sugestão de que tem preferências culturais que se afastem, de qualquer modo, das preferências dos muitos. Quando ele lhes diz que torce para o Newcastle United, sua verdadeira mensagem é "Não sou um esnobe, nem um intelectual, sou igual a vocês, gosto das mesmas coisas que vocês, e é por isso que compreendo vocês e tomo as dores de vocês". Não importa, para seus propósitos, se ele tem ou não tem interesse no Newcastle United, ainda que suas fantasias ou mentiras a respeito das lembranças de ter visto o famoso jogador Jackie Milburn sugiram que suas declarações de profundo interesse sejam autenticamente fajutas.

Certamente, nenhuma pecha de alta cultura conseguiu grudar nele, ao contrário da pecha de alto luxo. Ele teve o cuidado de se deixar fotografar usando ternos, mas também jeans, e segurando uma guitarra, mas não um violino. No começo de seu governo, ele procurou a companhia de celebridades menores da cultura popular, como se estivesse realizando o sonho de alguém que por muito tempo (e com muito anseio) leu revistas populares. Se qualquer uma dessas coisas representava seus verdadeiros interesses, ou se era apenas parte de uma campanha de relações públicas, não importa; elas claramente foram importantes para ele e para sua carreira.

Não que ele fosse o único: os membros de seu primeiro ministério não admitiam ter qualquer interesse, tirando a política, que não fosse o futebol. Isso em si foi uma mudança significativa. Muitos dos antigos políticos trabalhistas, por mais que se possa considerar que tenham sido equivocadas suas políticas econômicas e sociais, eram homens de cultura.

A morte da princesa serviu muito bem ao Sr. Blair, e ele aproveitou a oportunidade com habilidoso entusiasmo. Ela tinha a combinação exata de *glamour* e banalidade, necessária para o novo exercício do elitismo populista, sem qualquer inteligência ou gosto refinado que pudessem ser ameaçadores. Sob a capa da similaridade cultural com as massas e do sentimento democrático, a nova elite vive uma vida tão distante da vida da grande maioria das pessoas do que a vida da aristocracia jamais esteve; na verdade, mais distante, na medida em que a aristocracia tinha de lidar com pessoas comuns em suas propriedades. Não foi por coincidência que o Sr. Blair foi ao mesmo tempo o mais populista e o mais distante e inacessível dos primeiros-ministros modernos.

O sentimentalismo, tanto espontâneo quanto aquele gerado pela atenção excessiva da mídia, que foi necessário para tornar a morte da princesa num acontecimento de tão grande magnitude, serviu, portanto, a um propósito político, propósito esse que era intrinsecamente desonesto, de modo paralelo à desonestidade que está por trás de boa parte do próprio sentimentalismo.

Um elitista populista como o Sr. Blair não pode admitir em público, e talvez nem para si mesmo, que deseja acima de tudo viver no puro luxo, de modo tão diferente quanto possível das pessoas comuns, entre os ricos e famosos, de preferência sendo ele mesmo rico e famoso. Isso significa que ele tem de dar à sua ambição um verniz de propósito social e, ao fazê-lo, nega sua essência mesma, seu *fons et origo*. Uma retórica sobreaquecida, contorcionismos intelectuais e muitas formas de desonestidade são o resultado inevitável.

O sentimentalismo de massas é um brinquedo nas mãos dos elitistas demóticos, que são uma elite apenas em sua disposição superior de recorrer às negras artes da manipulação e das disputas burocráticas.

5. O Culto da Vítima

O *Guardian* publicou há algum tempo uma série de sete folhetos inseridos diariamente no jornal, ao longo de uma semana, cada qual dedicado a um dos grandes poetas do século XX. Os folhetos continham uma breve introdução de alguns dos melhores poemas de cada poeta. Um dos poetas era Sylvia Plath, e a romancista Margaret Drabble dizia o seguinte na introdução:

> [Plath] representou uma mudança sísmica na consciência, que permitiu que pensássemos e sentíssemos como pensamos e sentimos hoje, e da qual ela foi uma baixa supremamente vulnerável e voluntária.

Uma suprema vulnerabilidade e a disposição de ser uma baixa, uma vítima, pode-se supor com segurança, são aqui consideradas virtudes da mais alta ordem. Certamente, elas não estão sendo mencionadas como críticas.

Sylvia Plath era filha de um alemão, Otto Plath, homem de realizações consideráveis, professor universitário de biologia. Infelizmente, ele morreu quando sua filha tinha apenas dez anos. Isso foi trágico, é claro, mas foi (se é que posso dizer assim) uma tragédia comum, o tipo de coisa que vem acontecendo com as pessoas desde tempos imemoriais, e que continuará acontecendo até que a raça humana se extinga.

Plath era uma boa poetisa, e alguns podem até dizer que foi grande. Mas duvido que sua fama hoje se deva inteiramente a sua poesia. O drama doméstico de sua vida, casada como foi com um homem que era um poeta da língua inglesa inferior a ela própria, e que terminou com seu suicídio, colocando sua cabeça no forno, tem um profundo apelo para aqueles que desejam atribuir a suas próprias tribulações pessoais, domésticas e de relacionamentos um significado além de sua medida imediata. Ela se transformou, portanto, na santa padroeira da autodramatização.

Um dos poemas mais famosos de *Ariel*, sua coletânea mais famosa, publicada em 1965, tem como título "Daddy" ["Papai"]. Nele, Plath dirige-se a seu pai morto e, ainda que de um ponto de vista "objetivo" ela tenha sido muito mais afortunada do que milhões, e talvez dezenas de milhões, de seus concidadãos, mesmo considerando a morte prematura dele, ela o culpa por seu próprio sofrimento. No poema, ela descreve seus esforços para fugir à sua influência, que, é claro, vem mais da ausência do que da presença. Por causa de sua origem alemã, e só por causa disso, ela o identifica com o nazismo:

Se ele era nazista, que sua filha-vítima fosse judia
não chega a surpreender:
para mim, todo alemão era você.

Essa não é a única vez que ela se compara aos judeus que sofreram o Holocausto. No poema "Lady Lazarus" ["Sra. Lázaro"], que se refere a suas próprias tentativas de suicídio e que contém os famosos versos

Morrer
é uma arte, como tudo mais.
Sou excepcionalmente boa nela...

ela escreve que, após uma dessas tentativas,

Meu rosto era um fino
tecido judeu, indistinto.

Ainda que se possa objetar que as imagens poéticas não devem ser tomadas ao pé da letra – ninguém supõe, por exemplo, que Hamlet pudesse ser literalmente comprimido e aprisionado numa casca de noz e, ainda assim, considerar-se rei do espaço infinito –, creio que há pouca dúvida quanto à sinceridade da autopiedade que existe nos poemas de Plath.[1]

Não é nenhum milagre que alguém sobreviva a uma tentativa de suicídio; pelo contrário, a grande maioria das pessoas que tentam o suicídio sobrevivem.[2] Quanto à referência à pele humana e a quebra-luzes, ela erradica a distinção moral entre imolar-se e ser imolada.

Outra vez, pode-se objetar que, como o sofrimento é intrinsecamente subjetivo, ninguém tem o direito de descartar a comparação de ninguém de seu próprio sofrimento com o dos outros. Um lugar-comum da observação humana está no fato de que algo tolerável para uma pessoa pode ser intolerável para outra; as pessoas variam em sua sensibilidade e, como disse o poeta Gerard Manley Hopkins sobre a depressão mental: "Não existe nada pior". Em outras palavras, sua situação é abominável se você disser que é. De fato, não existe modo de distinguir entre o sofrimento de Sylvia Plath, estudiosa brilhante e cidadã de um país livre, e o de um residente involuntário do gueto de Lodz.[3]

---

[1] A tendência de Plath a uma extravagante autopiedade e a dramatizar suas tristezas também é ilustrada por aquilo que ela escreveu após um amigo ter tomado emprestado um livro seu, livro que ela mesma já tinha desfigurado sublinhando trechos com tinta, e que ele marcou em alguns outros lugares com lápis. Quando ele devolveu o livro, ela escreveu à mãe: "Fiquei furiosa, com a sensação de que meus filhos tinham sido estuprados ou espancados por um alienígena". Somente alguém profundamente absorvido em si mesmo poderia escrever desse modo.

[2] Atualmente, a taxa na Grã-Bretanha é de cerca de trinta tentativas para cada suicídio completado. Na época de Plath, a taxa devia ter sido bem menor, mas ainda assim significativa.

[3] Plath, como mulher, era uma vítima *ex officio*, ao menos na visão de mundo que se desenvolveria poucos anos depois de sua morte. A descrição promocional de um livro de Jean Rhys que encontrei na contracapa de uma brochura da Penguin sintetizava bem isso. "Jean Rhys escreveu sobre as mulheres – as vítimas da sociedade – com toda a paixão e o desespero de um perdedor." Dificilmente

À primeira vista, essa doutrina pode parecer profundamente imaginativa e compassiva, mas a realidade é bem diversa: ela é, ou pelo menos pode ser (como veremos), uma máscara para a mais completa indiferença para com o sofrimento alheio. Ela dá a entender que todo sofrimento deve ser considerado a partir da própria estimativa do sofredor, o que significa que sofre mais quem expressa o sofrimento com mais força ou, pelo menos, com mais veemência. Não importa qual seja a origem do sofrimento. Se não podemos julgar a afirmação de sofrimento de uma pessoa contrastando-a com sua situação, comparando-a, por exemplo, com a situação de outra porção da humanidade, então não deixamos nada para a imaginação e não precisamos dar um salto de empatia: baseamo-nos puramente naquilo que é declarado. Não temos qualquer noção do que seja sofrer em silêncio; e, ao mesmo tempo, somos obrigados a tomar parte na autopiedade de todo mundo. Mal chegaria a surpreender se, a fim de atrair a atenção de nossa simpatia, as pessoas se sintam obrigadas a declarar sofrimentos inauditos, mesmo a partir das frustrações e desapontamentos mais banais e ordinários – e, na verdade, inevitáveis, que são a consequência da existência humana. E assim como as pessoas que fingem estar doentes começam a ficar doentes se continuarem com o fingimento por muito tempo, porque viver como inválido não é saudável para quem é saudável, e, em todo caso, as pessoas não gostam de considerar-se fraudes, aqueles que em voz alta declaram sofrer muito por razões triviais acabam sofrendo mesmo. A imaginação alinha a realidade.

A fim de atrair a atenção do leitor para seu sofrimento, para sua angústia existencial, Plath julgou adequado referir uma das piores e mais deliberadas aplicações de sofrimento em massa de toda história humana, apenas porque seu pai, que morreu quando ela era jovem, era alemão. Sua conexão com o Holocausto era tênue, para dizer o mínimo; porém, seu uso dele com fins retóricos implicava não apenas a escala de seu sofrimento, como também sua origem, como se ele tivesse, de algum modo,

---

se encontraria maior incitação à autopiedade acrítica feminina, excetuando-se, é claro, *Three Guineas* [Três Guinéus], de Virginia Woolf, em que o privilégio tem a audácia de mascarar-se como empobrecimento impotente.

importância histórica ou política. Isso é irônico, porque ela era mais apolítica do que engajada social e politicamente.[4]

De fato, o uso metafórico do Holocausto mede não apenas a escala de seu sofrimento, mas também de sua autopiedade,[5] que quase se poderia chamar de heroica. Não muito antes da publicação de *Ariel*, ao menos em termos históricos, a autopiedade era considerada um vício e, aliás, um vício repulsivo, que impossibilitava a simpatia, ainda que seja, é claro, uma tentação humana permanente. Eis aqui, para tomar um exemplo aleatório, uma passagem do último livro de John Buchan, *Sick Heart River* [O Rio do Coração Doente]. Leithen, o protagonista, está morrendo de tuberculose – como o próprio Buchan estava ao escrever o livro, tendo falecido apenas poucas semanas depois de terminá-lo. Leithen está

---

[4] Estou longe de ser o primeiro a objetar contra o fato de ela usar o Holocausto em conexão com seus próprios dramas pessoais. George Steiner perguntou: "Algum de nós tem licença para localizar nossos desastres pessoais, por mais duros que sejam, em Auschwitz?". Seamus Heaney escreveu que "por mais que a violência e o espírito vingativo [do poema "Daddy"] possam ser entendidos ou desculpados considerando-se as relações da poeta com seu pai e seu marido, ele se intromete de modo tão permissivo na história das tristezas de outras pessoas que simplesmente excede seus direitos a nossa simpatia". Quanto aos desastres pessoais a que Steiner alude, Janet Malcolm, em seu livro sobre o relacionamento entre Sylvia Plath e Ted Hughes, conta que, tendo sido quase contemporânea de Plath, compartilhava os mesmos problemas de ter crescido como mulher de classe média com inclinações e ambições literárias nos Estados Unidos na década de 1950. Por causa do culto da respeitabilidade, que ainda existia à época, "mentíamos a nossos pais, e mentíamos uns aos outros e mentíamos a nós mesmos, tão viciados ficamos em enganar. Éramos uma geração desconfortável e furtiva". Então, depois da liberação da década de 1960, todo mundo passa a contar a verdade para os pais, para os outros e para si? Mesmo verdadeiro, esse relato das agruras dos jovens americanos de classe média na década de 1950 dificilmente convida a uma comparação com o Holocausto. Não creio que seria necessário um conhecimento profundo de textos sobre o Holocausto para deixar isso claro.

[5] Cujo *doppelgänger* é como que a autoestima, na qual de fato ela pode, com a devida persuasão, ou doutrinação, transformar-se a si mesma.

examinando sua vida, que exteriormente fora cheia de sucesso, mas sem filhos ou calor humano:

> Ele criou para si um nicho no mundo, mas esse nicho tinha sido gélido. Com um sobressalto ele despertou para o fato de que estava muito próximo da margem da autopiedade, algo proibido.

Leithen não concedeu a si o luxo da autopiedade nem dentro de seu próprio crânio, porque ele sabia que a indulgência interna rapidamente levaria à expressão externa. Como eu costumava dizer aos alunos de medicina, eles não apenas não deveriam chamar nem se referir à velhinha na terceira cama à esquerda por Betty, como sequer deveriam pensar nela assim. Para eles, ela era a Sra. Smith.

A apropriação do sofrimento alheio para ampliar a escala e a importância do sofrimento próprio é hoje um lugar comum. É uma tendência internacional: a desonestidade emocional não conhece fronteiras. Por exemplo, houve o famoso caso de Binjamin Wilkomirski, que publicou um livro intitulado *Fragmentos*, o qual se apresentava como estilhaços de lembranças bem do começo de sua infância, quando ele vivia nos guetos da Polônia e foi deportado para os campos de extermínio, onde miraculosamente sobreviveu, sendo depois levado para a Suíça e adotado por uma família gentia, cujo chefe era um médico rico e importante.

O livro foi recebido com entusiasmo em muitos países, venceu diversos prêmios, mas logo um jornalista suíço, Daniel Ganzfried, descobriu que Wilkomirski era na verdade Bruno Grosjean, e nunca tinha estado num campo de extermínio. (Na verdade, sua história era bastante implausível a partir dos indícios internos em si mesmos, mas as pessoas queriam acreditar nela.) *Fragments* era uma obra de ficção, não de memórias.

De fato, a história de Groskean não era inteiramente feliz. Ele nascera em 1941, filho ilegítimo de Yvonne Grosjean, que trabalhava na fábrica de relógios Omega. O pai de Yvonne tinha morrido cedo e sua mãe era alcoólatra, e Yvonne ficou sob os cuidados de outra família aos seis anos. No início da gravidez de Bruno, cujo pai era um homem sete anos mais novo do que Yvonne e que se recusou a casar-se com ela (de fato, ele era menor de idade quando a engravidou), ela sofreu um sério acidente enquanto andava de bicicleta e ficou inconsciente por muitas semanas. Quando se recuperou, estava fisicamente incapaz e mentalmente retardada. Ainda que ela tenha tentado cuidar do pequeno Bruno e sustentá-lo, isso estava além de suas capacidades, e aos dois anos de idade ele foi colocado sob os cuidados de outra família. Duas colocações deram errado, mas, aos quatro anos, ele foi adotado pelo médico burguês e por sua esposa, que não tinham filhos.

Wilkomirski, que cresceu como Dosseker, sobrenome de seus pais adotivos, tornou-se músico. Posteriormente, ele afirmou que o casal Dosseker, hoje morto, tinha apagado todos os traços de seu judaísmo, cruelmente proibindo todo contato com a religião ou a sua cultura de origem. Naturalmente, eles não podiam refutar essas alegações; os indícios sugerem que eles foram pais corretos, ainda que talvez um pouco distantes, que deram a seu filho uma criação privilegiada. Durante sua infância, Wilkomirski-Dosseker nunca saiu da Suíça.

Fragments continha lembranças, ou melhor, supostas lembranças, de acontecimentos assustadores – os quais, é claro, Wilkormirski não poderia ter testemunhado, e necessariamente imaginou:

> Colocaram um homem contra o muro do lado do portão da frente... Ele olha para mim e sorri. Mas de repente seu rosto se contrai, ele se vira para outro lado, ergue a cabeça e escancara a boca como se fosse gritar... Nenhum som sai da sua boca, mas um imenso jorro preto é expelido de seu pescoço no momento em que o transporte o esmigalha contra a casa com um forte estalo.

E daí por diante.

Um dos aspectos mais extraordinários do caso inteiro foi o emotivo encontro de Wilkomirski com uma mulher da Califórnia chamada Laura Grabowski, que afirmava ter vivido experiências semelhantes às de Wilkomirski e que participava de um Grupo de Filhos Sobreviventes do Holocausto. Ela também acabou sendo criada num lar gentio, onde não tinha permissão para dizer as palavras "Polônia" e "judeu". À época do encontro, Wilkomirski era tão famoso que o evento foi filmado pela BBC. Eles tocaram um dueto juntos diante de uma plateia, na qual muitos eram sobreviventes do Holocausto, ele na clarineta, ela no piano. Ele também dizia que seu encontro era na verdade um reencontro; ambos tinham estado no campo de extermínio de Majdanek e no mesmo orfanato na Polônia, imediatamente após o fim da guerra.

Eles foram entrevistados juntos pela BBC. Perguntaram a Grabowski como Wilkomirski tinha mudado desde o tempo que passaram juntos no orfanato polonês. "Ele é meu Binje", respondeu ela, aninhando a cabeça no pescoço dele, "é só isso que eu sei. Ele é dono do meu coração e da minha alma, e eu sou dona do coração e da alma dele".

Infelizmente, para aqueles que ficaram profundamente comovidos por essa suprema exibição de *kitsch*, Grabowski revelou-se uma fantasista em série, que não parava de se promover. Como Wilkomirski, ela nunca tinha chegado nem perto de Majdanek quando criança; ela não era nem judia nem polonesa (ainda que seus avós adotivos fossem poloneses, de sobrenome Grabowski), mas americana.

Acabou que ela era, como que numa vida anterior, uma mulher chamada Lauren Stratford, previamente Laurel Rose Wilson, que tinha escrito uma "autobiografia" intitulada *Satan's Underground: The Extraordinary Story of One Woman's Escape* [O Submundo de Satã: A História Extraordinária da Fuga de uma Mulher], em que afirmava ter sido vítima de abusos em rituais satânicos.[6] Tendo nascido ilegítima, foi adotada por pais abastados (essa parte de sua história, que impressiona pela similaridade com a de Wilkomirski, era verdadeira). Aos seis anos de idade, segundo ela, sua mãe permitiu que ela fosse estuprada por homens por meses a fio, e depois ela foi usada em filmes pornográficos. Adulta, permaneceu nas garras dos pornógrafos, cujo líder, um homem chamado Victor, exigia que ela fizesse parte do sacrifício ritual de bebês. Ela se recusava, e era colocada numa gaiola com serpentes; um bebê morto e despelado seria jogado em sua gaiola toda semana. Ela pariu três filhos no cativeiro, um dos quais foi morto para um filme, e

---

[6] Tenho uma dívida com Stefan Machler, *The Wilkomirski Affair: A Study in Biographical Truth*. New York, Schocken Books, 2001.

outro sangrentamente assassinado na frente dela num sacrifício humano.[7] O livro vendeu 140 mil exemplares.

Depois, ela escreveu um livro de autoajuda intitulado I Know You're Hurting: Living Through Emotional Pain [Eu Sei que Você Sente Dor: Atravessando a Dor Emocional] e outra autobiografia intitulada Stripped Naked: Gifts for Recovery[8] [Desnudada: Dons para a Recuperação], em que ela afirmava ter desenvolvido múltiplas personalidades, felizmente reintegradas em apenas uma com a ajuda da psicoterapia.

Então ela se transformou em Laura Graboswki, vítima do Dr. Mengele, e conseguiu extrair recursos de diversas obras de caridade, incluindo o Fundo Suíço para Vítimas do Holocausto em Necessidade, antes de agarrar-se a Wilkomirski.

Em seu livro I Know You're Hurting, a mulher que viria a tornar-se Grabowski escreveu um guia perfeito da autopiedade e da autodramatização:

> Nós, que somos as vítimas e os sobreviventes, tivemos de permanecer em silêncio por tempo demais. Finalmente, enfrentamos o mundo lá fora e rompemos nosso silêncio com cuidadosos sussurros. Agora, alguns de vocês nos estão ouvindo, e alguns estão acreditando. Mas existem muitos que não ouvem, e há muitos que não acreditam. Alguns poucos dentre vocês nem acreditam que existimos! Isso é uma tragédia.

O lamentável nisso é que houve, e provavelmente ainda há, grupos de pessoas cujos sofrimentos presentes e passados não são reconhecidos nem

---

[7] Talvez eu devesse observar que ao menos alguns dos elementos da história dela correspondem a coisas que efetivamente acontecem, ainda que raramente. Eu mesmo já prestei auxílio à polícia no caso de pais que abusavam de seus filhos de tal modo que, se eu tivesse apenas ouvido falar em vez de ter visto com meus próprios olhos o vídeo que eles faziam para vender por muito dinheiro para gente que tem prazer com esse tipo de coisa, eu não teria acreditado, nem teria achado aquilo possível.

[8] A conexão entre o kitsch e o sentimentalismo, de um lado, e, de outro, entre a pornografia e a brutalidade, dificilmente poderia ter melhor ilustração do que nesses títulos.

podem ser mencionados. O reconhecimento público retardado do abuso infantil é um exemplo,[9] ou, para citar um caso de uma esfera totalmente diversa, a dos harkis e de seus descendentes na França.[10]

Quando reivindicações falsas da condição de vítima se tornam frequentes e bem divulgadas, elas servem para reduzir a simpatia por aqueles que realmente sofreram e para induzir um estado de cinismo. E essas reivindicações fajutas parecem estar ficando cada vez mais frequentes. Houve o caso, por exemplo, de uma mulher belga chamada Misha Defonseca que escreveu uma suposta memória dos anos do Holocausto. Afirmando ser judia, ela disse que tinha ido procurar os pais, deportados da Bélgica para o leste em 1941 (as deportações da Bélgica começaram em 1942). Entre as idades de sete e onze anos, ela disse ter andado quase cinco mil quilômetros pela Europa ocupada, tendo chegado à Ucrânia, fugido do gueto de Varsóvia e feito amizade com lobos. Apesar da intrínseca implausibilidade de sua história, seu livro foi traduzido para dezoito idiomas, transformado em uma ópera italiana e no tema de um filme francês.

Foram necessários dez anos para que a fraude de Misha Defonseca fosse exposta. Seu verdadeiro nome era Monique De Wael, filha de pais católicos, e ela passou a guerra morando em Bruxelas. Seu pai era

---

[9] É irônico que, não muito depois de a realidade do abuso infantil ter sido relativamente aceita, dois eminentes pediatras britânicos, o professor Sir Roy Meadow e o professor David Southall, que tanto fizeram para revelar um tipo particular de abuso, a saber, aquele cometido por pais a fim de que seus filhos ficassem doentes, tornaram-se vítimas – será que ouso usar essa palavra? – de uma campanha vingativa e concertada para arruiná-los. A campanha foi tão eficaz que, ao menos por algum tempo, os pediatras britânicos se recusavam a depor como especialistas em processos que envolviam abuso infantil.

[10] Os harkis eram argelinos que lutaram do lado francês durante a guerra de independência da Argélia. Estima-se que 60 mil deles foram mortos na Argélia imediatamente após a independência. Muitos milhares deles fugiram para a França, onde, porém, não foram recebidos como heróis, mas com vergonha, e foram abrigados em campos por décadas. Subitamente, em 2001, houve uma enxurrada de livros publicados na França sobre seu destino e o péssimo tratamento que receberam.

membro da resistência belga, mas foi capturado quando Monique tinha quatro anos. Torturado pela Gestapo, acredita-se, dedurou seus companheiros; Monique cresceu com outros parentes. Em 1988, ela mudou-se para os Estados Unidos.

Seu livro revela perfeitamente a dialética entre sentimentalismo e brutalidade. Ele foi publicado pela primeira vez por uma pequenina editora americana e recebeu uma capa exemplarmente *kitsch*. Ela mostra a suposta Misha, aparentemente nua, com seus louros cabelos ao vento, as silhuetas de soldados alemães empunhando baionetas, e, no primeiro plano, quatro filhotes de lobo, um deles uivando chorosamente para a lua, criaturinhas fofinhas com a coloração avermelhada e mais quente das raposas.

Um único episódio ilustra perfeitamente a conexão íntima entre sentimentalismo e brutalidade (tenha em mente que a história a seguir é puramente imaginária). Misha tinha feito amizade com uma loba a quem deu o nome de Rita, que então trouxe seu parceiro, um lobo a quem ela chama de Ita, para vê-la.

> Ela tinha vindo até mim depois de ouvir meu urro de dor, ela tinha ficado perto de mim aquelas semanas todas, e agora ela tinha trazido seu parceiro para nos apresentar um ao outro. Meu coração ficou cheio de amor e de gratidão. Até então, "Maman" era um nome que eu só podia dar à minha mãe verdadeira, mas naquele momento aquele animal protetor era a coisa mais próxima que eu tinha de uma mãe. A partir daquele momento passei a chamá-la de "Maman Rita".

Pouco depois, Maman Rita é morta a tiros por um caçador, que então a amarra do lado de fora de sua cabana. A pequena Misha, que à época tem oito anos, está não apenas tomada de pesar como ultrajada. Gritando "Assassino! Assassino!" para si mesma, ela se dirige, indo cada vez mais rápido, à cabana do caçador, a qual está cercada de detritos.

> ...Ali, no chão... havia um cano de metal pesado. Peguei-o com as duas mãos e fui sorrateiramente até a frente da casa. O homem na cadeira agora estava de olhos fechados, sem botas, com os pés

descansando num balde de madeira virado do avesso. Antes que ele soubesse o que estava acontecendo, ergui o cano acima da minha cabeça e bati com toda a força nos joelhos dele. Sua cabeça fez um brusco movimento para a frente e ele guinchou de dor. Levantei o cano outra vez e ele se precipitou contra mim, agarrando meus braços, tentando desesperadamente me fazer parar. Mas não havia como eu parar. Dei-lhe outro golpe, e mais outro e mais outro.

Após esse edificante episódio de brutalidade juvenil imaginada – sem dúvida Freud chamaria isso de realização de um desejo –, voltemos ao modo sentimental. Tendo deixado o caçador "inerme e gemendo no chão", Misha, de oito anos:

> [...] dei a volta até o lado da casa. Maman Rita estava pendurada sem a menor dignidade, eviscerada, como um frango na vitrine de um açougueiro. Levantei-a do gancho e delicadamente coloquei-a no chão. Com minha faca, cortei a corda que prendia suas patas traseiras e, então, levantei-a o mais alto que pude e meio a carreguei, meio a arrastei de volta para a floresta.
> Com lágrimas correndo pelo rosto, levei seu orgulhoso corpo pelo caminho que ela e eu tínhamos trilhado ainda no dia anterior. Tendo chegado a uma pequena clareira cheia de samambaias, delicadamente a deitei. Com as duas mãos, escavei a terra macia debaixo de um pinheiro até fazer um buraco raso, como aquele em que eu dormia toda noite. Então, delicadamente, coloquei minha amiga em sua cama, beijei o macio focinho que tantas vezes me confortara e a cobri de terra, folhas de pinheiro e outras folhas. Sem querer deixá-la ir embora, peguei pó do túmulo e esfreguei no meu rosto e no meu cabelo. Então, ajoelhando-me em frente ao montinho, curvei-me numa contração de tristeza e chorei.

Misha não está só em seu sentimentalismo. Na contracapa do livro, há uma citação do diretor educativo da Fundação Norte-americana para os Lobos: "Que beleza. A amorosa descrição de Misha da verdadeira natureza dos lobos vai desfazer muitos mitos e tocar a alma de todos que a lerem".

Não entendo muito de lobos, e estou bastante disposto a acreditar que, a seu modo, eles são criaturas esplêndidas; mas, durante o tempo em que fui médico, vi um bocado de gente que apanhou com canos de metal e coisas semelhantes; e, correndo o risco de soar sentimental, elas têm minha simpatia.[11]

Quando Monique De Wael foi denunciada como fraude, ela não se arrependeu de todo. De fato, ela afirmou que seu livro tinha uma espécie de verdade, não o tipo de verdade que corresponde à realidade, mas algo mais profundo, ou, ao menos, de mais apelo perante seus colegas da autopiedade e da autodramatização. Os livros dela, em suas palavras, eram uma história, "a minha história":

> Não é a verdadeira realidade, mas a minha realidade.

Como todas as realidades são iguais e, portanto, igualmente "válidas", para usar um termo a que os ignorantes recorrem com frequência cada vez maior quando se dirigem aos bem informados, sutilmente ela tinha se colocado além da crítica.

Depois, disse, com aquela mistura de sinceridade e imprecisão típica daqueles que querem falar de si mesmos sem revelar nada:

> Há momentos em que tenho dificuldade de diferenciar a realidade do meu mundo interior.

Aqui se sugere uma desculpa psiquiátrica, e, como sabemos, é errado criticar, estigmatizar ou expressar preconceito contra os doentes mentais, ainda que seja duvidoso que Monique De Wael realmente queira ser considerada psicótica. O psicótico, afinal, acha impossível distinguir entre a realidade e seu mundo interior, ao passo que ela acha apenas difícil. Ela quer simpatia, mas não os homens de jaleco branco.

Depois, ela ainda desculpou aquilo que alguns imprecisamente chamaram de embuste ao relatar sua vida:

---

[11] Contudo, a honestidade me obriga a admitir que as vítimas de agressão não costumam ser elas mesmas o que a humanidade tem de melhor.

> Meus pais foram presos quando eu tinha quatro anos. Fiquei com meu avô, Ernest De Wael, e depois com meu tio, Maurice De Wael. Eles me chamavam de "filha do traidor", porque meu pai era suspeito de ter falado sob tortura na prisão de St. Gilles. Tirando meu avô, eu odiava aqueles com quem fiquei. Eles me tratavam mal.

Em outras palavras, ela apela a nosso sentimentalismo para perdoá-la por aquilo que fez, que é ter-se apropriado da ocorrência e da memória de um morticínio em massa para seus fins pessoais, psicológicos e, sem dúvida, financeiros. Como ela sofreu e foi maltratada quando criança (concedamos-lhe o benefício da dúvida que deve surgir a respeito de qualquer coisa que ela diga agora sobre seu passado), ela implora nossa indulgência em relação a uma fraude cometida mais de cinquenta anos depois. E, é claro, resta a questão da sua "realidade":

> Sempre me senti diferente. É verdade que, desde sempre, senti-me judia, e, mais tarde na vida, pude reconciliar-me comigo mesma ao ser recebida por parte dessa comunidade.[12]

Por que e em que sentido ela e Dosseker-Wilkomirski se sentem judeus? É altamente improvável que isso tenha qualquer coisa a ver com a veracidade da doutrina religiosa judaica.[13] Eles queriam ser judeus porque ansiavam

---

[12] Seu método de reconciliação consigo mesma contrasta de modo interessante com o de outro imigrante belga nos Estados Unidos, Paul de Man. Professor eminente de literatura em Yale, ele tinha redigido propaganda ferozmente pró-nazista e antissemita durante a ocupação da Bélgica. Ele se reconciliou consigo mesmo propondo a ideia – que obteve ampla aceitação acadêmica – de que os textos não possuem sentidos fixos e indubitáveis, e de que sua interpretação pelo leitor é tudo. Assim, uma afirmação como "O judeu deve ser exterminado de uma vez por todas" pode ser perfeitamente interpretada tanto como "O judeu deve ser valorizado e receber direitos iguais" quanto aquilo que o crente ingênuo e rude no sentido das palavras acreditaria que a primeira afirmação significa. De Man era uma refutação viva da ideia de que o estudo de literatura sempre faz de você uma pessoa melhor.

[13] Eles também não eram como aqueles romenos que, durante o ameaçador regime do falecido ditador Ceaușescu, afirmavam ser judeus, mesmo diante de uma das mais fortes tradições de antissemitismo do mundo. Não; eles

pela condição de vítimas, e as verdadeiras dificuldades que eles tinham enfrentado na vida não tinham dimensão suficiente para que reivindicassem qualquer *status* grandioso no que se pode chamar de "a comunidade das vítimas". Seu caminho inicial na vida não tinha sido fácil, mas eles nasceram num mundo em que, infelizmente, milhões de pessoas tinham sofrido coisa pior, muito pior; e, como eles não podiam vencê-las, eles se juntaram a elas.

Não se deve supor, contudo, que o único grupo de vítimas a que os autopiedosos ou autodramatizadores desejam associar-se é o de sobreviventes do Holocausto. Por exemplo, Rigoberta Menchú, ganhadora do prêmio Nobel e autora, ou coautora, de *Eu, Rigoberta Menchú*, ampliou consideravelmente seus sofrimentos e alterou suas causas, e o resultado disso foi que ela passou a representar, aos olhos do mundo, a população indígena da Guatemala, que sofreu horrivelmente durante a guerra civil desencadeada no país por intelectuais de classe média (incluindo o filho do único outro ganhador do prêmio Nobel no país). Naturalmente, alguns dirão que, na verdade, não importa se a própria Rigoberta Menchú sofreu tudo aquilo, exatamente da maneira como descreve, desde que alguém, ou, de fato, muitas pessoas, tenham sofrido; mas com certeza não é completamente indiferente que pretensos líderes afirmem ter sofrido aquilo que outros sofreram e, nesse processo, alterem a atribuição da origem desses sofrimentos, com o fim de promover a si mesmos.[14]

---

simplesmente queriam ter permissão para emigrar para Israel. Se Ceaușescu tivesse permitido a imigração para o Paraguai e não para Israel, eles contentemente teriam dito ser índios guaranis.

[14] O que pensaríamos do médico que ouvisse a Sra. Grandgrind [personagem de *Tempos Difíceis*, de Charles Dickens (N. T.)] dizer: "Acho que há uma dor em algum lugar dessa sala, mas não consigo dizer com certeza que eu mesma a esteja sentindo", e começasse a tratar aleatoriamente as pessoas na sala para aquela dor, sem manifestar interesse em quem exatamente a tem? Sobre os equívocos de Rigoberta Menchú, ver David Stoll, *Rigoberta Menchú and the Story of All Poor Guatemalans*. Boulder, Colorado, Westview Press, 1999. Há muitos indícios de que Menchú foi manipulada por sua amanuense francesa, Elisabeth Burgos-Debray, que queria uma história direta do bem contra o mal, a fim de angariar apoio estrangeiro para o movimento revolucionário.

Nem todas as reivindicações de *status* de vítima são diretamente políticas. Por exemplo, em 2007, uma mulher que se apresentava como Margaret B. Jones publicou um livro de memórias intitulado *Love and Consequences* [Amor e Consequências]. A história dela era realmente dramática. Supostamente meio branca, meio índia, quando ela tinha seis anos seus professores notaram que ela estava tendo um sangramento vaginal; eles presumiram que ela tinha sido vítima de agressão sexual em casa, sendo, portanto, colocada sob os cuidados das autoridades locais, que a entregaram a uma negra chamada Big Mom numa parte violenta de Los Angeles. Sua história familiar era uma longa tragédia: Terrell, um de seus irmãos, foi morto por uma gangue violenta chamada Crips, sua irmã NeeCee enforcou-se. A narradora foi para o caminho do mal e aos doze anos estava vendendo drogas para ajudar nas despesas de casa, e nesse trabalho testemunhou muita violência praticada por gangues.[15]

---

[15] Nisso tudo há o pressuposto romântico de que aquilo que é cruel, violento e desagradável é mais real e, acima de tudo, mais autêntico do que o gentil, o pacífico e o agradável. Assim, no primeiro capítulo do livro, "Margaret B. Jones" testemunha a morte a tiros de seu patrão no mundo das drogas, chamado Kraziak. "O sangue transbordava de sua boca e de seu pescoço, e ele ofegava, tentando respirar. Ele gemia, cada som empurrava sangue para fora de seu pescoço e de sua boca." No segundo capítulo, ficamos sabendo como ela sofreu abuso sexual aos seis anos. "Tinha sangue correndo pelas minhas pernas." No mesmo capítulo, ficamos sabendo como ela foi cruelmente tratada por alguns de seus pais de acolhimento. "Uma família comia junto toda noite, mas não permitia que as crianças acolhidas se juntassem a ela. Depois de comer, eles saíam da mesa e nos deixavam comer as sobras de seus pratos sujos." Aqui vemos o sentimentalismo de um Oliver Twist pedindo mais, combinado e intimamente conectado com a devassidão de um Hannibal Lecter. Não é que tudo o que ela descreveu seja intrinsecamente impossível: de fato, coisas bem piores acontecem regularmente, e, depois do século XX, ninguém mais nem ousa dizer o que pode ser impossível. Na verdade, é o evidente desejo de que se pense que ela testemunhou e sofreu essas coisas que é significativo, o que lhe investiria de uma autoridade moral indisponível para uma pessoa de sua idade que tivesse atravessado a vida, relativamente falando, como uma faca quente na manteiga.

O livro teve resenhas eufóricas (de todo modo, é muito difícil escrever criticamente a respeito de relatos de sofrimentos extremos, porque fazê-lo é um pouco semelhante a chutar um homem quando ele está na pior). A autora permitiu que um perfil seu fosse publicado no The New York Times, com direito a fotografia, o que, infelizmente para ela, permitiu que sua irmã a reconhecesse. Margaret B. Jones era, na verdade, Margaret Seltzer, que, como se revelou, tinha crescido num confortável ambiente de classe média, frequentado escolas particulares caras e exclusivas, e avançado na vida sem dificuldades externas óbvias.

Ao explicar a negação da filha de sua efetiva origem confortável de classe média e sua substituição por uma imaginária origem permeada por sórdidos sofrimentos, a mãe da autora disse:

> Acho que ela ficou enredada nos fatos da história que estava tentando contar. Ela sempre foi uma ativista e tentou usar o imediatismo da situação e acabou enredada na persona do narrador.

A confusão e a imprecisão da linguagem sugerem que a falante está nervosa e não muito certa de suas bases. A palavra "ativista" pretende dar a ideia de que ela se importa com o estado do mundo e quer fazer o bem. (Isso, é claro, não admite que o ativismo também é responsável por muitas coisas ruins no mundo, e não só por coisas boas, de modo que o ativismo não é algo bom em si mesmo. A ideia de que o ativismo é intrinsecamente bom, e portanto desculpa muito, é ela própria profundamente sentimental.)

O perfil da chamada Margaret B. Jones no New York Times é um prato cheio para aqueles que têm interesse nas formas modernas do sentimentalismo e na conexão entre esse sentimentalismo e a brutalidade. Intitulado "Refugee from Gangland" ["Refugiada do Mundo das Gangues"], o perfil era acompanhado de uma fotografia da Srta. Jones (sic) ao fundo, com sua filha e um homem negro em primeiro plano. A legenda a cita com os dizeres: "Para mim, família é algo mais amplo do que para a pessoa média", e passa a informar-nos de que ela tinha recebido o homem como hóspede para que ele se recuperasse do ferimento de um tiro.

Segundo o autor do perfil:

> Ela é uma das poucas pessoas que, na mesma conversa, pode falar sobre as alegrias de fabricar sua própria geleia ("Vou te dar alguns potes!") e da dolorosa questão de tatuar nas costas um imenso e choroso pitbull no dia em que o estado de Nevada marcou a execução de um amigo.

Aqui, uma metonímia sentimental da domesticidade, a fabricação de geleias, é subitamente seguida por uma metonímia da brutalidade do mundo urbano do sul de Los Angeles, o pitbull, uma raça canina proibida em muitas jurisdições por seu comportamento cruel, que a torna valorizada naquele mundo.[16] Como que para ressaltar essa característica, o cão – que muitas vezes aparece no noticiário por ter atacado e matado um bebê – está chorando, e não rosnando ou fixando seus dentes em carne humana. A relação dialética entre o sentimentalismo e a brutalidade dificilmente poderia ser melhor expressada. Por fim, a ideia de tatuar-se como meio de expressar um sentimento por outra pessoa é, ao mesmo tempo, selvagem e sentimental, o sinal da busca de emoção de um coração vazio.[17]

---

[16] Na prisão em que eu trabalhava, muitos prisioneiros manifestavam preocupação com os cães dos quais tinham sido separados pelo encarceramento. Eu mesmo gosto de cães, e tivemos muitas conversas sobre o consolo de uma companhia canina. Aprendi, porém, a não perguntar que raça canina eles possuíam: invariavelmente, era pitbull ou rotweiller.

[17] Aqui, deve-se admitir que a ficção da Srta. Jones tem ao menos o mérito da verossimilhança. Na prisão em que eu trabalhava, reparei não apenas que a grande maioria dos criminosos brancos era tatuada – e, cada vez mais, também os negros, apesar da desvantagem natural para esse tipo de autoadorno que suas peles negras lhe conferem –, mas que um bom número deles era tatuado com os nomes dos filhos. Em outras palavras, eles amavam seus filhos o suficiente para mutilarem-se em seu nome, mas não o bastante para sustentá-los financeiramente ou de qualquer outro modo. Não poderia haver testemunho mais eloquente da vacuidade e da futilidade do sentimentalismo. Aqueles prisioneiros negligentes o bastante para tatuar também o nome da mãe ou das mães de seus filhos muitas vezes se sentiam obrigados a tatuar uma cruz sobre ele ou eles: esse método é mais barato e mais rápido, ainda que menos completo, do que a remoção a *laser*. Eles nunca apagavam os nomes dos filhos, ainda que com frequência não tivessem qualquer contato com eles.

A relação entre sentimentalismo e brutalidade é ainda mais enfatizada pelo autor do perfil, que diz, sobre *Love and Consequences*:

> Ao contrário de diversos outros livros recentes de memórias de gangues, todos escritos por homens, a história da Srta. Jones é contada desde o ponto de vista de alguém que cuida. Junto com garra e sangue, cada capítulo mostra ternura e cuidado entre as pessoas.

A Srta. Jones, como ainda se refería a si mesma, fala de como ela está feliz por estar morando num lugar decente. "Caramba, que alegria", diz ela ao repórter do *New York Times*. "Estou indo bem. Pelo menos, não tenho que viver mais só em três cômodos."

Sua filha, disse, era o resultado de seu relacionamento com o primeiro homem branco que saiu com ela. Quando o bebê nasceu, "foi o primeiro bebê branco que ela tinha visto". "Eu disse: ela parece doentinha, tem alguma coisa de errado com ela?"

Ela atribuía o fato de ter conseguido sair do gueto a ter gastado o dinheiro que ganhou vendendo drogas (a única esperança de progresso econômico para as pessoas do gueto) em sua formação, e não num carro chamativo com que impressionar os outros. Ela foi estudar na Universidade do Oregon, onde obteve um diploma de "Estudos Étnicos".

Contudo, ela não era uma completa traidora da classe. Ela confidenciou ao repórter do *New York Times* que "ainda mantém contato com o estilo das gangues, as gírias e as pessoas da sua antiga vida". Em outras palavras, "o estilo das gangues" tem algo de moral ou esteticamente recomendável.

O sentimentalismo está infiltrado em tudo o que Margaret Seltzer fez, falou e escreveu como uma calda penetra num bolo aerado. Seu número se baseia no pressuposto de que crescer no sul de Los Angeles é, de algum modo, mais autêntico, mais "real", do que nos confortáveis ambientes dos subúrbios americanos; que isso confere à pessoa que teve essa experiência uma autoridade moral especial e o direito de ser ouvida com respeito e até com reverência; que algumas pessoas são tão maltratadas pela vida que sua única chance de redenção está na criminalidade; que em algum lugar na dura crosta de violência e brutalidade há uma rica veia de bondade. Não é preciso dizer que "Estudos Étnicos" é o curso perfeito para um sentimentalista: mesmo a existência da disciplina demanda uma perspectiva sentimental da vida.

Quando Margaret B. Jones se revelou Margaret Seltzer, a editora do livro recolheu todos os exemplares das livrarias e ofereceu reembolso a todos os compradores (desde que, é claro, eles pudessem apresentar uma prova da compra).[18] Essa não foi a primeira vez nos últimos anos que uma editora se sentiu obrigada a devolver o custo de um livro de memórias para seus compradores porque seu relato tinha natureza equivocada.

---

[18] Em 1988, a Virago, uma editora feminista britânica, publicou uma fina coletânea de contos intitulada Down the Road, Worlds Away [Ali na Estrada, A Mundos de Distância]. Sua autora seria Rahila Khan, moça de origem paquistanesa, filha de imigrantes, e descrevia dificuldades psicológicas e de outros tipos relacionadas a crescer em duas culturas muito diferentes num bairro operário de uma cidade industrial britânica. A editora – corretamente, na minha opinião – viu mérito literário na coletânea. Eles a publicaram e a distribuíram antes de ter conhecido a autora; depois, ficaram surpresos ao descobrir que Rahila Khan era um pseudônimo do reverendo Toby Forward, clérigo da Igreja Anglicana, que tinha estimado, com razão, que o livro jamais seria publicado com sua identidade verdadeira. O fato é que ele sabia do que estava falando porque, ao contrário dos editores da Virago, ele tinha crescido exatamente na área e nas condições sociais descritas pelo livro; mas a autenticidade, infelizmente, mostrou-se uma questão de raça. Ainda que o livro nunca tivesse afirmado ser nada além de uma obra de ficção, a editora destruiu o estoque no armazém e recolheu todos os exemplares das livrarias, transformando-o numa cara raridade bibliográfica, e fico feliz por poder dizer que possuo um exemplar. O livro contém histórias a respeito dos mundos interiores tanto de moças de origem paquistanesa quanto de rapazes brancos da classe operária. Se de um lado era perfeitamente aceitável que uma mulher de origem paquistanesa escrevesse sobre estes últimos, não era aceitável que um homem branco vindo da classe operária escrevesse sobre aquelas (que ele fosse clérigo da Igreja Anglicana sem dúvida o desqualificava ainda mais). Isso estabelece o quanto é difícil até para a mais liberal intelligentsia fugir de maneiras "racializadas" de pensar. No caso deles, é claro, o pensamento "racializado" tende para o sentimental, e não para o brutal, conferindo implicitamente uma autoridade moral superior a uma raça em comparação com outra. Sem dúvida, é melhor ser sentimental do que ser brutal: mas, como vimos, um costuma ser precursor ou gatilho Gestalt do outro.

Em 2000, um jovem americano chamado James Frey tinha publicado o que se pretendia um relato factual de seu próprio vício em álcool e drogas, vício que resultou em diversos atos criminosos e em muitos conflitos com a lei. Ele retratou sua vida como cheia de excessos, vômitos e castigos.

O livro foi encampado pela rainha da incontinência emocional da TV americana, Oprah Winfrey, tornando-se um *best-seller*. *Um Milhão de Pedacinhos*[19] vendeu pelo menos 3,7 milhões de cópias só nos Estados Unidos, mais do que qualquer livro naquele ano. Há relatos de que a equipe do programa de TV de Oprah recebeu instruções para ler o livro em casa, voltando no dia seguinte com o coração dilacerado pela leitura e com lágrimas nos olhos: afinal, a primeira regra da vida moderna é que ninguém deve desperdiçar suas lágrimas em privado, e sim chorar quando os outros podem vê-las.

Infelizmente, logo se descobriu que o autor tinha exagerado imensamente e que, ainda que estivesse longe de ser um pilar da sociedade respeitável, também não era o devasso criminoso que se pretendia, conhecedor dos caminhos da maldade por uma condição, o vício psicológico, de que era a vítima infeliz, como tantas outras pessoas. Como outros de sua estirpe, o começo da sua vida foi relativamente privilegiado. Seus delitos eram triviais, suas dificuldades, pequenas; ele não era nenhum herói romântico mergulhado pelo horror de suas circunstâncias e experiências nas profundezas tempestuosas; também não tinha escalado de volta o íngreme caminho até as planícies tediosas, mas confortáveis e temperadas, da normalidade.

Como dizia o falecido e surpreendentemente chorado presidente do Zaire, o marechal Mobutu Sese Seko,[20] não existe corrupção solitária. Em

---

[19] Rio de Janeiro, Objetiva, 2003. O título original é *A Million Little Pieces*. (N. T.)

[20] O próprio Mobutu estava perfeitamente ciente das vantagens políticas que se pode tirar da presunção da condição de vítima. A fim de superar os efeitos de um passado colonial e em nome da autenticidade, ele decretou que todos os cidadãos do Zaire deveriam abandonar seus nomes europeus, a que estavam acostumados desde que nasceram, e passar a usar nomes africanos. Da mesma forma, ninguém mais poderia usar colarinho e gravata; no lugar deles, ele desenhou uma roupa nacional, que, novamente, impôs em nome da autenticidade. Desse modo, ele se tornou absolutamente importante. Quando teve uma dor de dente, porém, requisitou um jato da companhia aérea nacional e foi tratar-se em Paris.

outras palavras, livros em que os autores reivindicaram a condição de vítimas poderiam ser o caminho para o sucesso social e financeiro apenas num ambiente social e cultural no qual a condição de vítima fosse vista como algo em si mesmo heroico. Se antes as pessoas ansiavam por ler os feitos excepcionais dos exploradores da África, ou dos cartógrafos das imensidões virgens, hoje elas querem ler a respeito de pessoas conhecidas como sobreviventes de traumas, ou que assim se denominam. Dificilmente parece importar que, na maioria dos casos, as experiências a que elas "sobreviveram" não poderiam tê-las matado, e que, excetuando o fato de não terem cometido suicídio, elas dificilmente teriam conseguido não sobreviver; e que, portanto, sua sobrevivência é uma realização um pouco maior do que respirar.

Claro que os antigos heróis muitas vezes enfrentaram coisas terríveis ou horripilantes em suas aventuras; contudo, a exibição dessas experiências não era em si todo o propósito de suas narrativas. O triunfo sobre a adversidade era considerado admirável, mas a adversidade sobre a qual se devia triunfar tinha de ser excepcional, e não a sorte comum da humanidade, ou ao menos de vastos números de pessoas.

O culto romântico da sensibilidade concedeu autoridade moral ao sofredor. Uma pessoa que não sofresse se tornava uma pessoa com deficiências de caráter, carecendo de imaginação e de sentimento. De fato, acreditava-se que a virtude nascia do sofrimento: em 1950, Bertrand Russell achou necessário escrever um ensaio atacando a ideia de que os oprimidos eram donos de uma virtude superior precisamente por causa de sua experiência de opressão.[21]

A história conspirou para reforçar a visão romântica. Apesar do progresso técnico, muitos dos piores episódios de barbárie da história ocorreram no século XX.[22] Dentre esses, aqueles cometidos pelos nazistas

---

[21] Se a opressão realmente conferisse uma virtude superior, seria possível dizer algo a favor dela.

[22] Já ouvi dizer que a ideia de que esses episódios teriam sido mesmo os piores é controversa. Os mongóis, por exemplo, não eram assassinos de pouca monta, e um terço da população alemã morreu na Guerra dos Trinta Anos. Na Guerra da Tríplice Aliança, 95% da população masculina do Paraguai morreu. Contudo,

ocupam o primeiro plano na mente de todos. Segundo a famosa declaração de Theodor Adorno, filósofo social alemão, a poesia era impossível depois de Auschwitz.

O que ele quis dizer com isso, suponho, é que a catástrofe histórica foi tão grande que ela se tornou o único assunto digno do pensamento e do sentimento, ao menos para autores que afirmavam estar intelectual e moralmente comprometidos com o futuro da humanidade. Num mundo em que Auschwitz aconteceu, e pode perfeitamente acontecer de novo, era banal se preocupar com questões menores como as relações entre homens e mulheres em casamentos infelizes (assunto de uma rica literatura pré-Auschwitz) ou o estilo da prosa ou, na verdade, qualquer coisa que não fosse o genocídio e o assassinato de milhões de pessoas.

Há nisso uma plausibilidade inicial, ou uma aparente inegabilidade. Ter mais interesse no efeito nocivo dos pulgões nas rosas do que no assassinato deliberado de milhões de pessoas parece frívolo e indecente. Declarar que não se tem nenhum interesse particular nas origens, causas, resultado e consequência do Holocausto, mas muito interesse na arte cerâmica de Andrea della Robbia pode dar a impressão de uma escala perversa de valores, segundo a qual os produtos do homem, ou ao menos alguns dos melhores produtos do homem, têm mais importância do que o próprio homem.

Contudo, a ideia de que não pode haver poesia depois de Auschwitz (ou de qualquer outro acontecimento da história humana) é completamente falsa, e é um poderoso estímulo à insinceridade e ao sentimentalismo. Isso porque ela exige das pessoas aquilo que lhes é impossível; elas têm de fingir que sentem aquilo que não sentem. Por mais importantes que sejam as atrocidades nazistas enquanto objeto de estudo e de reflexão, ninguém – nem o especialista – pode dedicar cada instante de sua atenção

---

se os massacres do século XX não foram certamente os piores, certamente foram os mais divulgados. Nem uma pessoa semiculta conseguiria ignorá-los por completo. Acredito que você poderia caminhar por um bom tempo por uma rua comum da Europa ou dos Estados Unidos até encontrar alguém que tenha ouvido falar da Guerra da Tríplice Aliança.

a elas. Dizer que não pode haver poesia depois de Auschwitz é a mesma coisa que dizer que não pode haver boas refeições depois de Auschwitz: algo evidentemente absurdo. Na verdade, como simples fato histórico, a ênfase no Holocausto como evento definidor da história europeia ou mundial foi retardada por muitas décadas depois do fim da guerra.

Além disso, um mundo em que todos dividissem sua atenção e interesse por assuntos na precisa proporção de sua importância moral ou histórica seria um mundo intolerável e profundamente empobrecido. Por exemplo, não haveria cirurgiões veterinários para tratar cães domésticos (aliás, nem haveria cães domésticos); não haveria especialistas em história bizantina nem na arqueologia de Angkor Wat. Todas as amenidades da civilização deixariam de existir; e uma estreita monomania moralista passaria a ser o traço distintivo do homem bom.[23] Mal chega a ser necessário observar que isso seria um convite ao pior tipo de hipocrisia.

Apesar da impossibilidade, da insinceridade e do absurdo da ideia de que a ocorrência de Auschwitz mudou tudo, esse acontecimento foi, ainda assim, tão genuinamente chocante que conferiu um *status* especial a suas vítimas, que teriam passado a possuir uma autoridade moral para falar das questões definitivas da existência que ninguém mais teria. Algumas de suas vítimas de fato possuem uma autoridade moral especial – penso em Primo Levi. Mas essa autoridade não poderia ter vindo só de seus sofrimentos; as respostas dele a esses sofrimentos, e as respostas de inúmeras outras pessoas, deram-lhes essa autoridade.

Mesmo assim, o hábito de ouvir com reverência acrítica aqueles que sofreram muito, apenas por causa de seus sofrimentos, provavelmente começou depois da Segunda Guerra Mundial e tornou-se um hábito

---

[23] Em *Uma Teoria da Justiça*, o falecido professor John Rawls, bastante interessado no destino das pessoas em pior situação na sociedade, ou, ao menos, em demonstrar que estava muito interessado no destino das pessoas em pior situação em sua sociedade, propôs que arranjos sociais desiguais seriam justos na medida em que tendiam à melhoria da condição daqueles membros da sociedade que estavam na pior situação. Claro que esse princípio poderia ser estendido à população humana do mundo inteiro. Se é isso que a justiça demanda, pior para a justiça: prefiro que a civilização seja o objeto mais valorizado.

culturalmente entranhado. De fato, é psicologicamente difícil contradizer alguém que se sabe que sofreu muito: eu mesmo já ouvi pessoas que foram horrivelmente torturadas ou abusadas e que disseram coisas simplesmente equivocadas, por serem incoerentes com outras coisas que elas disseram, sem ousar apontar as contradições. Fiz isso, em parte, porque não lhes queria causar maiores sofrimentos. Elas poderiam facilmente ter concluído, caso eu tivesse mencionado as contradições, que eu não acreditava no essencial de sua história; e não é preciso um grande esforço da imaginação para compreender quão angustiante deve ser ter passado pelo maior dos sofrimentos e não acreditarem.[24] Mas também não disse nada porque, tendo a aguda sensação de que eu mesmo nunca tinha sofrido nada comparável, não estava em posição moral de contradizê-las, por mais lógicas e bem fundadas que fossem minhas objeções. As opiniões delas eram mais importantes do que as minhas, precisamente por causa daquilo que tinham vivido. O direito a uma opinião não contraditada foi conquistado pelo sofrimento.

Eu sabia que essa ideia era irracional, mas que tinha se tornado amplamente aceita. Somente a pessoa que viveu o sofrimento tem o direito de falar dele; e foi o sofrimento que a investiu dessa autoridade especial. Assim, se eu dissesse a um viciado em drogas que estava se abstendo de opiáceos que essa abstinência não era uma condição médica grave, seria bem provável que ele respondesse que, como eu mesmo nunca passei por isso, não poderia falar de sua gravidade. Observei que havia muitas condições que eu, como médico, sabia serem sérias, embora eu mesmo nunca as tivesse sofrido, e que isso também valia para condições banais; que eu vivia em contato constante com pessoas que sofriam incomparavelmente mais; e que as evidências empíricas sugeriam que uma proporção muito considerável do sofrimento induzido pela abstinência, uma vez que ele não era exagerado para enganar médicos e outras pessoas, era causado psicologicamente pela antecipação e pela expectativa, e não pelo mero fato da abstinência farmacológica. Sua própria declaração de

---

[24] Primo Levi teve um sonho terrível e angustiante em Auschwitz, de que ninguém acreditaria nele quando contasse o que tinha visto e vivido.

sofrimento era mais forte do que todas as demais evidências, tanto por sua fonte, quanto por seu grau.

A elevação do *status* da vítima sofredora ocorreu no Ocidente não quando a vitimação real e em massa era de memória muito recente, mas quando a Europa ocidental e os Estados Unidos pareciam ter se recuperado dos piores excessos dessa vitimação e estavam até prosperando. Sylvia Plath não tinha sido vítima de nada, ou, ao menos, de nada político, quando usou imagens do Holocausto para descrever seu próprio caso; poucos anos depois da publicação de seus poemas, os estudantes de Paris, chiques e abastados, estavam cantando *slogans* do tipo "Somos todos judeus alemães". Os estudantes faziam caricaturas do general De Gaulle com sua fisionomia como uma máscara atrás da qual estava o rosto verdadeiro, de Hitler, com a implicação de que a Quinta República era uma espécie de ditadura nazista disfarçada cujas vítimas eram os estudantes oprimidos.[25] Longe de serem vítimas, eles eram a própria elite do país, destinada em breve a atingir posições de poder social, econômico e político. Mas eles foram pioneiros em algo que se tornou uma tendência cultural: o desejo e a capacidade dos privilegiados de se verem como vítimas, dotados, portanto, de autoridade moral indisputável. E, numa era democrática, os menos privilegiados logo farão aquilo que os privilegiados fazem. Logo, um senso de vitimação se tornou quase universal: todo mundo era vítima de alguma coisa, grosseira

---

[25] Não digo isso para negar que a França da época estivesse numa situação peculiar. Ela tinha acabado de sair da Guerra de Independência Argelina, em que grandes crimes tinham sido cometidos – dos dois lados, é claro. O massacre dos nacionalistas na Argélia, que aconteceu no mesmo dia em que a guerra acabou na Europa, foi conhecido, ou podia ser conhecido, mas foi ignorado. A brutal repressão de uma revolta em Madagascar em 1947 também foi ignorada. E a França ainda estava vivendo em denegação a respeito da ocupação alemã, tendo De Gaulle cuidadosamente alimentado o mito de uma França que resistia heroicamente, traída por Pétain e seus capangas. Houve censura considerável em defesa dessa perspectiva. O próprio general não estava acima de fazer observações levemente antissemitas, principalmente depois da Guerra dos Seis Dias. Porém, nada disso fazia com que a França de 1968 se assemelhasse vagamente à Alemanha nazista, ou De Gaulle a Hitler.

ou sutil, dependendo do caso. Tornou-se até comum afirmar que a vitimação sutil era pior do que a grosseira, porque era menos visível e, portanto, mais difícil de resistir.

Isso foi alimentado pela ideia de que vítima é aquele que se crê vítima. Não é preciso que haja indícios objetivos de que ele é uma vítima. Por exemplo, uma das recomendações do inquérito oficial do assassinato de Stephen Lawrence[26] era que a definição de incidente racista deveria ser:

> [...] qualquer incidente que seja percebido como racista pela vítima ou por qualquer outra pessoa.[27]

---

[26] Stephen Lawrence, um rapaz negro, foi esfaqueado até a morte em 22 de abril de 1993 por cinco ou seis bandidos brancos que gritavam xingamentos racistas contra ele e não tinham qualquer motivo óbvio, exceto pelo antagonismo racial e uma sede de sangue, para matá-lo. O fato de eles portarem facas sugere uma predisposição à violência.

[27] Na verdade, essa definição parece já ter recebido certa sanção oficial. O relatório sobre a morte de Stephen Lawrence (p. 146) critica certos policiais por não terem aceitado que o assassinato teve inspiração racista. "Quando qualquer pessoa alega motivação racista, todos devem ou deveriam saber que a definição da Associação de Chefes de Polícia exige que a questão seja tratada como incidente racista." Observe que a definição não admite qualquer discrição no caso. Ela não diz que a polícia deve tratar um incidente que alguém afirma ser racial como "possivelmente" racista, com a consequente obrigação de investigar a possibilidade. Claro que a discrição, ou o exercício do juízo, pode levar ao erro; porém, também pode a ausência de discrição. Aliás, o relatório sobre o assassinato de Stephen Lawrence não foi o primeiro relatório oficial a tratar com reverência sentimental as crenças dos membros de um grupo considerado universalmente vitimado. Lorde Scarman, em seu relatório dos tumultos de Brixton em 1981, disse que, no que dizia respeito à crença disseminada entre os negros de Brixton de que a polícia os assediava injustamente, "justificada ou não... aqui a crença é tão importante quanto o fato". Por razões de sentimentalismo, o relatório não faz qualquer tentativa de distinguir entre, de um lado, a verdade inquestionada de que as crenças, falsas ou verdadeiras, têm importância sociológica, enquanto motivos para as ações dos homens; e, de outro, o fato de que as crenças em si mesmas são verdadeiras ou falsas, justificadas ou injustificadas, à medida que correspondem à realidade. Com certeza, determinar se essas crenças são verdadeiras ou falsas, justificadas ou

Não há qualquer exigência de que a percepção tenha quaisquer correlatos objetivos e publicamente observáveis; a partir dessa definição, a evidência fornecida por um esquizofrênico que ouve vozes no ar estabelece a natureza racista de um incidente com a mesma firmeza de cem testemunhas que registraram fielmente o que foi dito e o que foi feito. Como a Sra. Lawrence, mãe do rapaz assassinado, observou em seu depoimento ao inquérito quando lhe perguntaram se a polícia a tinha tratado de maneira racista:

> O racismo é uma coisa que nem sempre a gente consegue identificar direito. O racismo acontece de um jeito tão sutil. É o jeito de eles falarem com você... É simplesmente toda uma atitude... Eles me trataram de um jeito condescendente e para mim isso pareceu racista.

Claro que é inteiramente compreensível, do ponto de vista psicológico, que a Sra. Lawrence estivesse extremamente sensível à época: que mãe que tivesse perdido um filho daquele jeito, sobretudo quando os culpados não tinham sido encontrados e condenados, e agora provavelmente nunca seriam, não estaria extremamente sensível?

injustificadas, é uma questão de importância moral, social e prática considerável. O fato de que um experiente advogado possa ter tido tão pouco interesse pela questão da veracidade das crenças, simplesmente porque, ainda que falsas, elas tiveram uma influência considerável na conduta dos homens, é curioso. O que diríamos de um tribunal que considerasse um homem culpado simplesmente porque algumas pessoas tinham a forte crença de que ele era culpado? Lorde Scarman certamente foi distraído pelo sentimentalismo. Dedicou muitos parágrafos de seu relatório às más condições sociais em que muitos dos participantes do tumulto tinham de viver; tê-los censurado depois por suas crenças irracionais teria sido como chutar aqueles que já estão por baixo, e por isso ele evitou completamente a questão. Segundo os princípios de Lorde Scarman, ou sobre a falta deles, não faria diferença, aliás, que Benjamin Wilkomirski nunca tivesse deixado a Suíça durante a guerra, desde que acreditasse que deixou, já que a crença é tão importante quanto o fato. Talvez mal chegue a surpreender que os relatos falsos de sofrimentos sejam recebidos no mundo de maneira tão favorável quando até importantes advogados são indiferentes à verdade ou falsidade das crenças a partir das quais as pessoas agem, ou dizem agir.

Como em outro trecho do relatório recomenda-se que uma pessoa seja definida como membro de uma minoria étnica caso se defina assim, e como os crimes que se considera terem sido motivados racialmente também são tidos como mais graves, resultando em penas maiores, é claro que o relatório recomenda que, ao menos potencialmente, um sentimento puramente subjetivo por parte da vítima poderia e deveria ter um efeito determinante na punição do culpado. Além disso, o relatório recomenda que, nesses casos, a antiga regra de que não se pode julgar uma pessoa duas vezes pelo mesmo crime seja ab-rogada. Quando a vítima, ou os parentes próximos da vítima, têm sentimentos suficiente fortes a respeito (desde que sejam membros de um grupo vitimário racial legítimo e certificado), não deve haver declaração definitiva de inocência.

É injusto que as palavras da Sra. Lawrence – palavras de uma mulher que se compreende que sinta pesar e cólera – tenham sido publicadas, porque sua publicação, sobretudo quando usada de maneira inteiramente sentimental como prova em favor de recomendações práticas que, caso implementadas, solapariam de maneira tão fundamental o estado de direito, faz com que seja necessário que ela e seus pressupostos subjacentes sejam cuidadosamente analisados.

Quando a Sra. Lawrence diz que o modo como ela foi tratada foi condescendente, talvez ela esteja correta; com certeza, foi assim que ela se sentiu tratada. Mas o fato de ela sentir que foi tratada com condescendência não prova por si só que ela efetivamente foi tratada dessa maneira. Algumas pessoas são hipersensíveis a descortesias e as enxergam onde não houve intenção (e, igualmente, algumas não a veem onde há). Além disso, atitudes condescendentes tendem a aumentar numa atmosfera cultural em que se considera que uma descortesia teve motivação racial simplesmente porque alguém acha que teve, atmosfera essa que o relatório estava dedicado a alimentar.

Como se isso não fosse o bastante, pode ser que haja atitudes condescendentes na ausência de motivação racial. De fato, uma das reclamações mais comuns entre meus pacientes que tinham sido vítimas de crimes era que a polícia lhes tratava de maneira indiferente ou condescendente. Caso eles se dignassem a investigar um arrombamento, por exemplo, muitas vezes davam a entender que a vítima tinha sido descuidada na proteção de suas posses: que ela deveria ter mais trancas nas portas, e sua ausência traria a expectativa do arrombamento. Era muito descabido que ele esperasse que o sistema de justiça criminal protegesse a ele e a sua propriedade; havia coisas muito mais importantes a fazer.

Não se pretende criticar a Sra. Lawrence por não enxergar as complexidades da questão, ou por não entender como insistir nela pode efetivamente piorar a situação no futuro, na medida em que ela torna impossíveis relacionamentos humanos triviais e não inibidos. Ela, afinal, era só uma testemunha, e não uma autora do relatório. Além disso, ela estava em uma situação em que poderia despertar a simpatia de qualquer pessoa, a de uma mãe que teve o filho assassinado sem que houvesse a devida investigação. Contudo, não há desculpa para o perverso e burro sentimentalismo dos autores do relatório, que dizem:

> O fato de que [o Sr. e a Sra. Lawrence] tenham sido, a seus olhos e segundo a sua percepção, tratados de maneira condescendente e inapropriada mostra que é óbvio que eles não foram tratados, ainda que isso não tenha sido intencional, de maneira apropriada e profissional dentro de sua própria cultura e como família negra enlutada.

Nem se chega a perceber a ironia nesse trecho, que sugere que o luto das famílias negras e brancas é de algum modo diferente, e, ao fazê-lo, também sugere que negros e brancos têm psicologias fundamentalmente diversas – o que é precisamente aquilo que o racista mais fervoroso afirmaria,[28] afinal, em que resposta, digamos, mães negras e brancas poderiam ser mais similares, do que na resposta ao assassinato inesperado de um filho querido?

---

[28] O uso do termo "negro" em contradistinção a "branco" também propaga a ideia de que tanto negros quanto brancos são tão inteiramente uniformes dentro de seus grupos quanto opostos entre si. A partir dessa visão, um advogado bem-sucedido de origem ganense tem mais em comum com um traficante de origem jamaicana do que com um advogado bem-sucedido branco, o qual, por sua vez, tem mais em comum com um vagabundo esquizofrênico do que com o advogado de origem ganense. Essa visão só é possível para racistas absolutos, ou para aqueles que enxergam os negros como vítimas, como que *ex officio*, e os brancos como vitimadores. Isso, é claro, é grosseiramente sentimental.

Nenhuma pessoa de boa vontade pode duvidar de que o racismo existiu e ainda existe, especialmente entre indivíduos. Lembro-me de uma paciente minha que veio da Jamaica para a Grã-Bretanha na década de 1950 e arrumou um emprego na equipe da cantina de um hospital. Ela me contou (e eu acreditei, não exatamente porque ela fosse negra, mas porque me parecia uma pessoa digna de credibilidade) que algumas pessoas da equipe do hospital, por nunca terem visto uma pessoa negra de perto, e cheias de ideias de todo tipo sobre negros, recusavam-se a comer qualquer comida que ela tivesse ajudado a preparar. Sua resposta foi cozinhar tão bem que esse preconceito foi superado, e os membros da equipe que antes se recusavam a comer sua comida logo não queriam comer mais nenhuma outra.

Claro que houve instâncias de racismo no passado, tanto distante quanto recente, que foram piores e superadas com menos dificuldade do que essa. Porém, nenhuma dessas instâncias justificava ou jamais poderia ter justificado tratar com reverência as opiniões de indivíduos dentro de grupos que um dia foram, ou ainda são, objeto de discriminação injusta, como se fossem sacrossantos e dispensassem qualquer justificação. O que se revela no relatório sobre o assassinato de Stephen Lawrence é exatamente o quanto, ao menos potencialmente, é perigosa essa maneira sentimental de pensar, o quanto ela destrói a racionalidade e o estado de direito. Vale lembrar que o relatório sugeria que um incidente racista deve ser definido como racista se qualquer testemunha o considerou racista; ele também sugeria que se colocassem em prática "estratégias para a prevenção, o registro, a investigação e o julgamento de incidentes racistas", e que essas estratégias deveriam ser implementadas em toda a administração pública. Como num ponto anterior do relatório se reconhecia que incidentes racistas não envolviam necessariamente a violação de nenhuma lei, o que se propõe aqui é um reino de punições arbitrárias de pessoas por supostos atos ou omissões, contra as quais é logicamente impossível se defender. Acusação e culpa tornaram-se inteiramente sinônimos.

Não é preciso um grande esforço imaginativo para compreender as consequências que essas propostas teriam caso fossem implementadas, propostas amplamente totalitárias em sua inspiração.[29] A ideia de que as vítimas, reais ou imaginárias, devam receber um poder infinito de determinar o funcionamento do serviço público logo levaria, é claro, a demandas pela extensão desse poder a todas as partes da sociedade. Há um elemento bastante considerável de sadismo nisso tudo (ele certamente terminaria em violência), e, outra vez, a conexão entre sentimentalismo e brutalidade fica exposta.

Hoje é comum o hábito de tomar a vitimação alegada segundo a sua própria estimativa. Por exemplo, num hospital de que ouvi falar antes de minha aposentadoria, a equipe que reclamava de ter sofrido intimidação podia ser reconfortada pela definição oficial de intimidação do departamento de pessoal do hospital: uma pessoa estava sendo intimidada se achava que estava sendo intimidada. Outra vez, não havia exigência de que, para estabelecer que uma queixa era justificada, houvesse indícios objetivos do comportamento que era objeto da queixa: um mero olhar, um tom de voz, um gesto bondoso, ou mesmo nada, realmente a total ausência de todo e qualquer contato poderiam ser interpretados como intimidação.

A ideia correta de que os impotentes em qualquer organização necessitam de alguma proteção contra os poderosos foi aqui sentimentalmente

---

[29] Elas talvez sejam até supertotalitárias. Até a Gestapo e a NKVD costumavam fazer alguma tentativa, em nome da formalidade, para fazer com que as evidências se ajustassem ao crime alegado. O fato de elas agirem assim mostrava que guardavam ao menos o conceito de inocência, mesmo que nunca o utilizassem na prática. Qual é o conceito de inocência que a definição de incidente racial do relatório permite? A Gestapo, aliás, julgava que seu dever não era apenas, nem principalmente, aplicar as leis. Como diz Robert Gellately em *The Gestapo and German Society* [A Gestapo e a Sociedade Alemã], p. 12, "a Gestapo ocupava-se de aplicar não apenas as leis (ou decretos e mandados), mas [de combater] toda a gama, muito mais ampla, de condutas que julgava estarem fora do espírito ou da ideologia da 'nova ordem'". O relatório sobre o assassinato de Stephen Lawrence sugere a reeducação compulsória de vastos números de pessoas, cujos pensamentos devem subsequentemente se conformar com os pensamentos "corretos". Entre outras coisas, as pessoas devem ser treinadas para "valorizar" a diversidade cultural. Gellately cita a pesquisa de Reinhard Mann sobre os registros da Gestapo em Dusseldorf: um quarto dos arquivos dizem respeito a "enunciações verbais fora de conformidade".

transformada na ideia de que os menos poderosos são sempre fidedignos e precisos no que diz respeito ao relato de suas relações com os mais poderosos. A ideia sentimentalizada está relacionada à suposição de que, em todo antagonismo entre as pessoas "comuns" e a autoridade, as primeiras estão necessariamente certas.[30] Muitas vezes, é verdade, claro, que a culpa é da autoridade, e não das pessoas "comuns", mas isso não é invariavelmente verdade. É preciso que se acredite na ideia sub-rousseauiana de que é a posição elevada numa hierarquia que por si introduz o mal ou as intenções de interesse estritamente particular na conduta humana para que seja possível manter a distinção moral absoluta entre pessoas comuns e autoridade.

Além disso, dentro do hospital a que me referi, era perfeitamente claro que a suposta proteção dos impotentes era, na verdade, um meio não de impedir ou de corrigir o abuso de poder, mas de transferir poder das autoridades tradicionais para novas autoridades. As queixas de intimidação tinham, afinal, de ser julgadas; e eram os gerentes do hospital, que outrora eram subordinados a médicos e a enfermeiras superiores, que eram as autoridades tradicionais, que julgavam. Como sua definição de intimidação (e de outros crimes do coração e da língua, como o racismo e o sexismo) é muito favorável aos querelantes, as queixas tornaram-se mais comuns, dando origem a um imenso aparato de investigação e de suposta reconciliação. Homens e mulheres extremamente especializados – não é incomum que um médico tenha passado mais de um terço de um século estudando e se especializando antes de chegar à posição final de autoridade – viram-se passando boa parte do tempo tentando responder a acusações de natureza kafkiana[31] feitas por alguém que tinha se ofendido com o menor dos deslizes, ou com deslize nenhum. Em todas essas circunstâncias, a banalidade

---

[30] Daí que ser contra a autoridade, qualquer que seja, é ser virtuoso. Já ouvi muitos pacientes dizerem que se opõem à autoridade, na intenção de elogiar-se a si mesmos.

[31] Eles literalmente não tinham permissão para conhecer a natureza exata das alegações feitas contra si, nem quem as tinha feito, nem quais eram as provas em seu favor, antes que se lhes pedisse para respondê-las. Era como se *O Processo* de Kafka fosse tomado não como advertência, mas como modelo.

mesma das alegações era vantajosa para a administração no quesito transferência de poder: se um aparato investigativo quase judicial entrava em operação por motivos tão triviais, então cada gesto e, de fato, cada palavra, estava sob vigilância potencial. Foi surpreendente a maneira ligeira e completa como o poder das antigas autoridades foi derrubado, sem que houvesse nenhuma revolução formal, e apesar do fato de que as antigas autoridades tinham todos os recursos da tradição, da inteligência e da educação a seu lado. Mas elas nunca ousavam acusar seus acusadores de exagero, de histeria, de mentira, etc.: fazer isso teria sido não aceitar a palavra de uma vítima autodeclarada,[32] sinal da urgente necessidade de reeducação.

A vítima autodeclarada também parece estar em vantagem nas ações cíveis nos tribunais. Há, é claro, fortes razões para que um litigante fique cada vez mais irritado à medida que o processo caminha, ou deixa de caminhar, e para que ele passe a exagerar o dano que alega terem feito contra ele. Passam-se anos até que um caso finalmente chegue ao tribunal; no mais das vezes, ele passou esse intervalo ensaiando a narrativa de seus males, revivendo a causa alegada de seu sofrimento e respondendo às provas contrárias apresentadas pelo réu, deixando de lado tudo o mais em sua vida. Mas, mesmo quando se fazem concessões em relação a esse processo, muitas queixas permanecem tão grosseiramente desproporcionais a qualquer dano que possa ter sido feito que só podem ser descritas como fraudulentas. Contudo, nos casos em que estive envolvido, o juiz parece relutar em fazer qualquer inferência em relação ao querelante que

---

[32] Interessante é que nunca vi ninguém acusar as novas autoridades de intimidação, etc., só as antigas. Claro que existe mais de uma explicação possível para isso. Talvez as novas autoridades sejam muito mais sensíveis ou atentas às sensibilidades de suas equipes. Parece-me, porém, que isso era improvável. As novas autoridades, especialmente quando compostas de ex-subordinados, raramente são delicadas no exercício de sua autoridade sobre qualquer pessoa. Parece-me muito mais provável que os querelantes tenham compreendido, com a astúcia dada àqueles que precisam saber de que lado vai a manteiga de seu pão, onde está o poder agora e, além disso, que os novos mestres os queriam para reclamar contra os velhos. Isso não quer dizer que eles gostavam dos novos mestres, pelo contrário; em minha experiência, eles não tinham nada senão desprezo por eles.

pede um valor muitas, muitas vezes maior do que aquele que poderia ser pedido de maneira razoável e racional. É difícil resistir à impressão de que a doutrina segundo a qual toda pessoa que sofreu alguma espécie de dano é uma vítima e, portanto, é incapaz de fazer o mal, foi transformada em fábrica de dinheiro pelos advogados.

Igualmente, a doutrina jurídica de que o dano psicológico não é conceitual e juridicamente distinto do dano físico é tão sentimental a respeito da natureza da humanidade quanto vantajosa para a profissão jurídica. Se um jogador profissional se envolve num acidente que resulta na amputação de suas pernas, o dano causado a sua carreira é óbvio e indiscutível. Seus ganhos futuros poderiam ser calculados com um grau razoável de probabilidade. Contudo, se um homem se envolve em um acidente banal cujo resultado, segundo suas palavras, é ter ficado assustado demais para sair de casa, está claro que a esperança de algum ganho pode facilmente afetar sua reação ao acidente.[33]

---

[33] Sobre esse assunto, recomendo uma explicação brilhante, mas devastadora, da distorção, por intermédio do direito civil, das respostas a acidentes e a outros acontecimentos indesejáveis, intitulada *Whiplash and Other Useful Illnesses* [Traumatismo e Outras Doenças Úteis], do Dr. Andrew Malleson (Montreal, McGill University Press, 2002). Não apenas o sistema jurídico, mas também as seguradoras comerciais se beneficiam dessas distorções. Por exemplo, uma vez examinei um querelante segurado que me parecia estar inventando seus sintomas. Eu disse à companhia de seguros que eles precisavam mais de um detetive particular do que de um médico. Para minha surpresa, a companhia de seguros contratou um detetive privado, que filmou o querelante em atividades completamente incompatíveis com sua reivindicação anterior: tão incompatíveis, na verdade, que sua reivindicação há de ter sido deliberada e conscientemente fraudulenta, e não apenas equivocada ou exagerada. Perguntei à seguradora se ela pretendia processá-lo. A empresa respondeu que nunca ia à justiça nesses casos porque achava que isso lhe conferiria a má fama de ser dura com os clientes, e de não ter simpatia por eles. Essa ideia me pareceu grotescamente sentimental (se é que a seguradora efetivamente acreditava nela, do que duvido), porque permitir que essas reivindicações fraudulentas fossem apresentadas sem processo equivalia, na verdade, a incentivá-las, e era o seguro dos clientes honestos que aumentaria de preço como resultado.

A ideia de que a lei é cúmplice na manufatura de vítimas fica clara a partir do caso a seguir. Um homem, sem qualquer culpa, foi brevemente exposto a um produto químico nocivo. Pediu indenização e, quando seu caso chegou ao tribunal, não apenas seus sintomas tinham piorado muito consideravelmente, como ele afirmava que a brilhante carreira em que estava prestes a embarcar quando foi exposto ao produto, de que não havia qualquer sinal anteriormente, tinha sido arruinada de uma vez por todas. Por conseguinte, a soma que ele pedia era imensa, vastamente maior do que todo o dinheiro que ele poderia ter acumulado por outros meios.

No interrogatório, soube-se que ele desenvolveu os sintomas não depois da exposição ao produto, mas só depois de ter olhado seus efeitos na internet. Ingenuamente, supus que isso encerrasse o caso; que ele seria

---

Certamente, os clientes honestos da empresa – se havia algum – apreciariam que aqueles que fizessem reivindicações fraudulentas fossem processados, para ajudar a conter o valor do seguro, não? De fato, logo percebi, a companhia de seguros não tinha qualquer interesse em controlar o valor do seguro dos clientes: ela meramente repassaria o custo adicional dos benefícios pagos a requerentes fraudulentos com uma sobretaxa para seu próprio lucro. O mistério do caso era que a companhia de seguros empregava um detetive particular de todo modo, e depois se recusava a pagar os benefícios. Que o requerente era um verdadeiro profissional era ilustrado pelo fato de que, ainda que ele se soubesse uma fraude, apelou contra a decisão da empresa. Ele sabia que, pelas regras da associação das empresas de seguros, era preciso pagar os benefícios, de maneira não reembolsável, até que a apelação fosse julgada, independentemente de seu resultado. O requerente fraudulento sabia que, sendo a burocracia o que é, a apelação não seria julgada por pelo menos mais um ano: e, assim, ele receberia benefícios por aquele tempo, não importando o que acontecesse. Desse modo duas ideias amplamente sentimentais, de que nenhum cliente de uma seguradora deveria ser processado por uma reivindicação fraudulenta, e de que os benefícios não reembolsáveis deveriam ser pagos enquanto uma apelação estivesse pendente, de fato tiravam o dinheiro dos donos de apólices. A companhia de seguros era tão desonesta quanto o requerente fraudulento. Somente numa sociedade em que a condição auto-atribuída de vítima concede a uma pessoa uma consideração especial isso poderia ser considerado normal.

peremptoriamente descartado por não ser muito mais do que aquilo que a máfia chamaria de extorsão. Mas eu estava equivocado e não tinha contado com a desonestidade da lei.

Pelo contrário, a lei (como vigente no momento) dizia que os danos ainda eram consequência da exposição original ao produto químico, porque, se ele não tivesse sido exposto ao produto, não teria olhado seus supostos efeitos na internet. Praticamente não preciso observar que essa doutrina jurídica é um convite aberto à fraude; ou, talvez, fosse mais preciso dizer que ela legaliza a fraude.

De fato, a doutrina diz que, uma vez que uma pessoa se tornou uma vítima, ela não é mais responsável, psicológica, moral ou legalmente, por suas ações subsequentes, na medida em que elas tenham alguma conexão causal com o que quer que tenha feito dela uma vítima inicialmente.

Essa visão da condição da vítima – que retira da vítima o ônus da responsabilidade moral e, às vezes, legal – tornou-se bastante disseminada, tão disseminada, na verdade, que o autor de um livro inteligente e sensível sobre as consequências jurídicas da Síndrome da Mulher Espancada[34] se viu obrigado a afirmar: "Surpreendentemente, o trauma e a razão podem coexistir".

Que o trauma e a razão podem coexistir poderia soar como uma surpresa apenas para pessoas que estavam firmemente convencidas do contrário: que a vitimação por sua própria natureza priva uma pessoa de toda a responsabilidade moral por qualquer coisa, e que depois ela se torna um autômato.

Ao mesmo tempo, e de maneira não muito lógica, uma pessoa que tenha sido vitimada e mesmo assim reage bem, ou ao menos evita reagir mal, é transformada numa espécie de herói, como a mãe que está passando

---

[34] *More than Victims: Battered Women, the Syndrome Society and the Law* [Mais do que Vítimas: Mulheres Espancadas, a Sociedade das Síndromes e a Lei], de Donald Alexander Downs (Chicago, University of Chicago Press, 1996). Nos julgamentos americanos de mulheres que mataram seus maridos cronicamente violentos, às vezes se argumentava que as consequências psicológicas da violência crônica haviam privado as mulheres de sua responsabilidade jurídica normal de não matar.

fome e mesmo assim se recusa a tirar comida da boca dos filhos: ela resistiu à tentação oferecida pela desculpa da vitimação para agir de maneira amplamente impulsiva e egoísta.[35]

A partir do fato, ou do suposto fato, de que as pessoas que foram traumatizadas de algum modo tendem, como consequência, a depois ter certos comportamentos desajustados ou autodestrutivos, concluiu-se que a autodestruição ou desajuste era em si indício de trauma: do contrário, por que alguém agiria daquele jeito? A lógica, é claro, era fraca: certamente, não se segue do fato de que certos *As* são *Bs* que todos os *Bs* sejam *As*; mas a lógica nem sempre desempenhou o papel que lhe caberia nas questões humanas.

Bruno Bettelheim deu a contribuição mais importante, ou, ao menos, uma das contribuições mais importantes, para que fosse estabelecida a conexão entre trauma, vitimação e mau comportamento. Antes de chegar aos Estados Unidos, ele tinha acabado de passar pouco mais de dez meses em campos de concentração nazistas, quando eles ainda não eram apenas postos de espera para os campos de extermínio. Em *O Coração Informado*, seu relato do tempo que passou nos campos, escreveu:

> O autor viu seus companheiros de prisão agindo das maneiras mais peculiares, ainda que ele tivesse toda razão para supor que também eles tivessem sido pessoas normais antes de serem presos: agora eles subitamente pareciam ser mentirosos patológicos, incapazes de conter seus acessos emocionais, fossem eles de raiva ou de desespero, de fazer avaliações objetivas...

Os acessos emocionais acabaram entrando na cultura popular como *variações de humor*, isto é, como súbitos acessos de raiva ou de pirraça que têm como objetivo chantagear ou intimidar os outros. Concebe-se que eles

---

[35] Da mesma forma, ninguém é tão determinista a ponto de atribuir seus próprios bons atos a causas inelutáveis, exceto, talvez, sua própria bondade inata. Somente quando faz algo de ruim o determinista convoca essas causas para seu próprio caso. É impressionante o número de causas que a maioria de nós consegue encontrar alguns segundos depois de iniciar a busca.

sejam como ataques epiléticos e que indiquem profundos distúrbios psicológicos que resultam do trauma e da vitimação.[36]

O desejo ou a ânsia de se transformar numa vítima tornou-se tão grande que hoje as pessoas afirmam ser vítimas de seu próprio mau comportamento. Como todo acontecimento é causado por algo, segue-se que todo comportamento que leva a consequências infelizes ou indesejadas deve ter uma causa; e, como uma escolha é também um acontecimento, ela também deve ter uma causa. Porém, como ninguém sabe a origem de suas próprias escolhas, todos são vítimas de circunstâncias além do próprio controle. Não é preciso dizer que essa lógica se aplica apenas ao que precisa ser justificado, e não apenas explicado.

Assim, o viciado se transforma numa vítima e, quanto piores os efeitos de seu vício, para si e para outros, mais vítima ele é. Ninguém, por exemplo, tem interesse no vício de William Wilberforce em láudano: ele simplesmente tomava um pouco todo dia e continuava sua vida, exemplar sob muitos aspectos. James Frey, por sua vez, supostamente foi levado por seu vício às piores profundezas da degradação, e assim se tornou um herói, sendo a profundeza mesma da degradação prova da intensidade de sua condição de vítima. Quanto mais ele cobria a si mesmo de vômito, quanto piores eram as acusações contra ele, mais digno de pena ele se tornava.[37]

---

[36] "Uma precondição para uma nova integração [da personalidade]", escreveu Bettelheim, "é a aceitação do grau de severidade com que se foi traumatizado, e de qual foi a natureza do trauma". Em outras palavras, para acabar com as variações de humor, ou com o hábito de gritar, berrar e chorar quando não se consegue o que se quer, é necessário encontrar o tesouro psicológico enterrado, cuja descoberta vai em si pôr um fim a todo desajuste e a toda infelicidade. Isso significa demorar praticamente *ad infinitum* nos acontecimentos desagradáveis da vida de uma pessoa. Claro que nunca falta material: que pessoa conseguiria ter habitado a terra por mais do que alguns anos sem ter se deparado com muitas coisas desagradáveis? Quando isso não acaba com a propensão a variações de humor, conclui-se que o variador se ocupou da coisa desagradável errada, e que aquelas verdadeiramente responsáveis por sua condição estão em níveis ainda mais profundos da psique.

[37] É interessante que as mulheres que se tornam visitantes das prisões e se apaixonam por prisioneiros raramente se apaixonem por pequenos criminosos.

O sofrimento se tornou a marca da condição de vítima, não importando sua origem. Não se faz qualquer distinção entre o sofrimento que é autoinfligido e aquele que é inteiramente fortuito (e muito menos entre todas as sutis gradações intervenientes). Fazer a distinção seria *julgar*, o que se julga a pior coisa que se pode fazer, e por isso ninguém faz julgamentos dessa natureza.

Agora, claro que é tão fácil atribuir culpa a uma vítima verdadeiramente indefesa quanto conceber um agente moral como vítima completa. Sem dúvida, há casos de vitimação – por forças naturais além do controle de qualquer pessoa, por opressores – tão grandes que as escolhas da vítima ficam seriamente limitadas. Conheci homens tão opressores com suas parceiras sexuais que as trancavam num armário todos os dias, nunca as deixavam sair sozinhas e eram impiedosamente violentos com elas. Vi pais aprisionarem, dominarem, aterrorizarem e agredirem suas filhas desde o nascimento, por décadas a fio. Quando finalmente a vítima de um homem que age dessa maneira o mata, desesperada, pessoa nenhuma de compaixão normal a colocaria no mesmo gênero que aquela que, por exemplo, mata pelo dinheiro do seguro de vida.

Porém, a maioria dos casos de vitimação não é tão bem definida como os casos sugeridos acima. A maior parte das pessoas dá uma contribuição maior para sua própria infelicidade do que nos casos em que há uma vítima pura e genuína. Por exemplo, as mulheres vítimas de homens abusivos raramente são apenas vítimas. Como se sabe, elas costumam ser muito ambivalentes em relação a seu agressor; no começo de seu relacionamento, que elas muitas vezes iniciaram despreocupadamente, recusaram-se a

---

Ladrões não as interessam, os motoristas proibidos de dirigir e que continuam a fazê-lo não têm qualquer encanto para elas. Pelo contrário, elas sempre vão, por assim dizer, direto no pescoço: assassinato, quanto mais brutal melhor, e, às vezes, de uma ex-namorada ou esposa. Quanto mais um homem tiver decaído, maior sua elevação potencial, mais espetacular será sua redenção, graças ao amor da visitante. A elevação e a redenção muitas vezes não duram muito: ver *Dream Lovers*, de Jacquelynne Wilcox-Bailey (Kent Town, Wakefield Press, 1997), para casos espetaculares. Claro que é sempre perigoso falar do denominador sem ter um numerador, que, nesse caso, é o número de visitantes prisionais cuja associação com assassinos tem bom resultado.

prestar atenção nos sinais ou, em alguns casos, num certo conhecimento, de que aquele homem era violento, um agressor;[38] elas continuam a aceitar suas desculpas e promessas de mudança muito depois de ter ficado perfeitamente óbvio que ele não tem intenção de mudar; elas recusam ofertas de ajuda para fugir dele.

A sugestão de que vítimas de comportamentos maldosos às vezes são cúmplices dele parece cruel a muitas pessoas, quando na verdade é sentimental ou aviltante não reconhecer isso. Esse não reconhecimento transforma adultos em bonecos, em meros simulacros de seres humanos, sem pensamentos ou atos próprios, sugerindo que eles nada podem fazer para ajudar a si mesmos, e dá poderes ilimitados àqueles que afirmam, no mais das vezes falsamente, serem seus protetores e salvadores. E, estranhamente, a recusa de ver o papel que as pessoas desempenham em sua própria ruína leva, na prática, a uma total insensibilidade e indiferença a seu sofrimento.

Primeiro, a ideia de que todos que sofrem são vítimas tem o corolário – falso logicamente, mas muito persuasivo psicologicamente – de que aqueles que não são vítimas não sofrem. Como a condição de vítima é atribuída pelo pertencimento a um grupo social que teve sua vitimação certificada, aqueles que não são membros desse grupo não são vítimas por definição, não sofrem e, portanto, não são dignos de simpatia.

---

[38] Não se trata de mera ignorância do significado desses sinais. Quando perguntava a uma mulher com um parceiro sexual abusivo quanto tempo demoraria para que eu, caso o encontrasse, imaginasse que ele não prestava, havia uma chance bem grande, provavelmente da ordem de oito em dez, de que ela respondesse que eu saberia imediatamente, assim que ele entrasse pela porta. Eu observava que, se ela sabia que eu tomaria conhecimento, ela sabia, ao menos implicitamente, o que havia nele para me transmitir essa mensagem. Sendo esse o caso, ela tinha conscientemente se exposto à agressão e, portanto, ainda que realmente fosse sua vítima (eu defendia severas punições para esses homens), ela não poderia ser *somente* sua vítima. Ela era, em parte, coautora de sua própria miséria. E quando sugeri que, caso ela se relacionasse com outro homem, tendo abandonado seu agressor atual, ela o trouxesse para que o inspecionasse a fim de dizer de antemão se ela deveria ou não sair com ele, ela invariavelmente entendia a ironia e ria.

A ideia de que aqueles que sofrem com certificado são vítimas tem outro corolário indesejável, a saber, que se deve prestar assistência segundo a necessidade, e não segundo o mérito. Outra vez, à primeira vista isso parece compassivo, por evitar a necessidade de distinguir entre quem merece e quem não merece, distinção que pode facilmente ser feita segundo um modo ou espírito severo e exigente, e que, além de tudo, pode conter equívocos mesmo quando feita com verdadeiras compaixão e boa vontade.

O esforço para evitar a severidade é hoje tão grande que as pessoas que fingem doenças, ou que habitualmente contam mentiras absurdas, são diagnosticadas como doentes, porque quase todo comportamento indesejável que pertença a um padrão reconhecível recebe um rótulo – como se, não fosse a infeliz irrupção da doença nas vidas das pessoas, todos fossem dignos cidadãos de bem.

Contudo, o evitamento do juízo moral é, em todo caso, a máscara da indiferença e da insensibilidade. É uma impossibilidade psicológica ser igualmente compassivo com todos os sofredores do mundo, e a exigência de que o sejamos é, na verdade, a exigência de que não o sejamos com ninguém. Quando, em meu trabalho em hospitais, tive razões para solicitar a atenção particular e urgente de um assistente social aos problemas de um paciente particular, minha alegação de que o caso era especialmente merecedor era recebida com uma indiferença de pedra. Porque, se algum caso era especialmente merecedor, isso significava que outros casos eram, relativamente falando, menos merecedores. E isso, é claro, solapava a doutrina de que a origem do sofrimento não é importante, já que tudo é, em última instância, consequência da vitimação. Assim, eu ouvia em termos claríssimos que meu caso, dito especialmente merecedor, teria de esperar sua vez, e não tinha direito a um tratamento especial ou privilegiado.

A remoção do merecimento como um critério (mas não *o* critério, como veremos) para a alocação de assistência ajuda a privar a vida humana de qualquer sentido, e a promover o egoísmo mais desenfreado: afinal, se a recompensa não tem conexão com o mérito, as consequências não têm conteúdo moral, e podem-se buscar fins sem atentar para o interesse alheio.

O hábito de não julgar o merecimento leva à preguiça e à indiferença. É claro que não é verdade que as pessoas que foram os autores de seus próprios infortúnios, no todo ou em parte, sejam indignas de assistência. Por exemplo, nenhum médico se recusaria a tratar um homem com *delirium tremens*, condição com taxa de mortalidade significativa, porque ela é consequência de ele ter escolhido, por um longo período, beber demais (e as evidências experimentais sugerem que beber é sempre uma escolha, e nunca apenas uma consequência automática e inelutável de um estado de vício.)

Muitas vezes, no hospital em que eu trabalhava, tive pacientes mulheres que tinham sofrido fortes agressões de seus parceiros sexuais e que temiam por suas vidas caso voltassem para casa, tendo sido ameaçadas de morte por eles. Seus temores eram perfeitamente razoáveis; seus parceiros eram bêbados, ciumentos e violentos, o tipo de homem que, em números bastante desproporcionais, realmente mata mulheres.

O mais comum era que as mulheres que se viam nesse tipo de situação fossem bastante tolas. Elas tinham conhecido seu carrasco no bar e às vezes tinham concordado em morar com ele poucos minutos ou horas depois de o conhecer, pouco sabendo a seu respeito, mas capazes de estimar, por sua aparência,[39] que ele teria inclinações violentas; elas não o abandonavam quando sua verdadeira natureza se manifestava pela primeira, segunda, terceira ou quarta vez; elas tinham chamado a polícia inúmeras vezes, mas retirado as queixas no último instante, logo que o caso chegava ao tribunal.

Mas, se era importante chamar a atenção delas para sua própria tolice, a qual elas muitas vezes disfarçavam de si próprias (afinal, sem as reconhecer, como poderiam aprender com a experiência?), também era importante ajudá-las. Tendo decidido, ainda que tardiamente, abandonar seus carrascos, que em alguns casos ficavam no hospital à espreita delas, elas precisavam de algum lugar para ir, de algum abrigo onde seus carrascos não as pudessem encontrar; mas, quando eu pedia ajuda aos assistentes sociais,

---

[39] Por exemplo, com as tatuagens das palavras AMOR e ÓDIO nas articulações dos dedos das mãos. Gostaria de ter espaço para discutir mais profundamente a semiótica dermatológica da violência na Inglaterra.

eles diziam apenas que a mulher em questão tinha de dirigir-se ao escritório de serviços sociais mais próximo de sua residência, pois esse era o procedimento padrão quando alguém pedia assistência pública para trocar de residência. Em vão, eu argumentava que o procedimento padrão não era apropriado nesse caso, que a mulher estava temendo pela própria vida, com boas razões, e que o homem que tinha ameaçado matá-la poderia encontrá-la facilmente, caso ela voltasse à área onde vivia. Não, o procedimento era o procedimento, ir contra ele seria um sacrilégio tão grande quanto fora outrora criar um bezerro de ouro. Estava, portanto, fora de questão que a mulher recebesse tratamento especial só porque estava ameaçada de morte. Aquilo que era bom para uma vítima era igualmente bom para outra.

O fato psicológico é que é impossível sentir algo muito intensamente por milhões de pessoas, mas só de maneira fria e abstrata. Como disse Stálin, uma morte é uma tragédia, um milhão de mortes é uma estatística, e ele tinha razão. É por isso que precisamos recorrer a memórias individuais para tentar compreender catástrofes históricas. E, quando a condição de vítima se torna o estado normal da humanidade, a verdadeira compaixão se torna impossível: é como tentar passar um pouco de manteiga sobre um milhão de fatias de pão.

A razão por que a condição de vítima tenha passado a ser tão ardentemente buscada e atribuída pode ser rastreada até a revolução romântica da segunda metade do século XVIII. (Como a história é uma túnica inconsútil, é, portanto, legítimo perguntar por que aquela revolução aconteceu.) De todo modo, houve uma mudança na concepção que o homem tinha de si mesmo, primeiro entre os intelectuais, e depois na população como um todo, mudança essa cujos efeitos ainda experimentamos.

A visão cristã de que o homem nasceria imperfeito, mas poderia e deveria buscar pessoalmente a perfeição foi primeiramente questionada e depois trocada pela visão romântica de que o homem nascia naturalmente bom, mas era corrompido e transformado em mau por viver numa sociedade má. Assim, a exibição de vícios tornou-se prova de ele ter sido maltratado. Aquilo que se considerava defeito moral se tornou condição de vítima, consciente ou não; e, como a humanidade tinha nascido feliz, além de boa, a infelicidade e o sofrimento eram igualmente provas de maus-tratos e da vitimação. Para restaurar no homem seu estado original e natural de bondade e de felicidade, era necessária, portanto, uma engenharia social em larga escala. Não surpreende que a revolução romântica tenha levado à era dos massacres por razões ideológicas.

A visão cristã é muito menos sentimentalista do que a secularista.[40] O secularista enxerga vítimas por toda parte, hordas de sofredores que precisam ser resgatados da injustiça.[41] Nessas circunstâncias, tornou-se vantajoso reivindicar para si a condição de vítima – psicológica e, às vezes, financeiramente – porque ser uma vítima é ser beneficiário da injustiça. É por isso que tantas pessoas altamente privilegiadas, que, pelos padrões de todas as populações que já existiram, levam uma vida de conforto, liberdade e possibilidade extraordinárias, reivindicam a condição de vítimas.

Por outro lado, a visão cristã reconhece que a tolice e a maldade são parte indissociável da condição humana.[42] Elas variam em grau entre os indivíduos, mas são intrínsecas a todos nós. É por isso que é possível para alguém que acredita no Pecado Original, o mais útil de todos os mitos, ser perceptivo e compassivo ao mesmo tempo, mas é muito difícil para alguém que acredita na bondade natural da humanidade, que perdoa tudo porque afirma entender tudo, e assim se torna indiferente e insensível.

Um exemplo de perceptividade é o Dr. Johnson. Longe de ser um sentimentalista, ele acreditava firmemente na punição, inclusive na pena de morte, mas mesmo assim era capaz de escrever, com sentimento obviamente profundo e sincero:

> Não merece panegírico a humanidade do homem capaz de censurar um criminoso nas mãos do algoz.

Para o sentimentalista, é claro, não existe criminoso, mas apenas um ambiente que não lhe deu o que devia.

---

[40] Falo como alguém que não possui qualquer crença religiosa.

[41] Não pretendo dar a entender que não existe injustiça; porém, determinar quando e onde ela acontece demanda julgamento. O sofrimento e a infelicidade *ipso facto* não podem ser evidências dela.

[42] O sentimentalismo do cristianismo está em supor que chegará um tempo em que isso vai mudar.

6. O Lugar da Pobreza É no Passado!

O lugar da pobreza é no passado![1] Aqui, a expressão "no passado" é usada do modo como uma pessoa meio gângster poderia usá-la com alguém de cuja presença quisesse desembaraçar-se. "Seu lugar agora é no passado!"[2]

E como a pobreza será eliminada do repertório de condições humanas possíveis? Deixemos de lado um instante a definição de pobreza, uma questão importante no contexto. A resposta é óbvia. *Estrelas pop* de certa idade vão fazer uma série de shows para jovens com dinheiro para gastar e, ao mesmo tempo, vão pedir aos governos que cobrem impostos da população em geral e doem o dinheiro aos países mais pobres, normalmente aos governos dos países mais pobres. Isso apesar do fato de que a maioria das *estrelas pop* de certa idade emprega exércitos de contadores e de advogados tributaristas para proteger suas vastas rendas das

---

[1] "Make poverty history!", no original. Apesar de não vir em letra maiúscula nem itálico, "Make poverty history!", ou o equivalente em português "Coloque a pobreza no passado!", é o nome de uma campanha criada na Grã-Bretanha. (N. T.)

[2] O melhor eufemismo que já ouvi para o homicídio é "ele recebeu cartão vermelho". O juiz numa partida de futebol mostra o cartão vermelho quando manda um jogador para fora do campo por má conduta. "Ele recebeu cartão vermelho": ele foi mandado embora do campo da vida.

depredações das autoridades tributárias. Devemos lembrar que poucos prazeres são maiores do que promover seus próprios entusiasmos morais à custa dos outros.

Mas qual é exatamente é a pobreza que deve ficar no passado? Será a pobreza absoluta ou a pobreza relativa? É o tipo de pobreza em que as mulheres precisam andar milhas até a fonte mais próxima de água e não têm o bastante para alimentar os filhos ou é o tipo de pobreza que existe enquanto as rendas não são iguais, isto é, entre as pessoas cuja renda equivale a menos de 60% da renda média, definição frequentemente usada e que significa que, numa sociedade de bilionários, um multimilionário seria considerado pobre? A resposta é que às vezes é uma, às vezes a outra, dependendo do contexto.

Se é a última, claro, a pobreza nunca ficará no passado até que haja mais ou menos igualdade. Segundo essa visão, uma sociedade em que cada pessoa tem uma renda de 200 dólares por ano é menos pobre do que uma sociedade em que 90% da população possui uma renda de um milhão de dólares por ano, mas 10% possui uma renda de apenas 300 mil dólares.

Mesmo a medida da pobreza absoluta tem suas dificuldades: uma medida muitas vezes usada pelo Banco Mundial, por exemplo, é uma renda hipotética de 1,25 dólar por dia. Mas isso não pode realmente significar nada, porque uma renda de 1,25 dólar por dia em Estocolmo ou em Moscou, ou na verdade em boa parte do mundo, seria deveras insuficiente para que alguém se sustentasse mesmo por um único mês, ao menos se nenhuma outra fonte de bens ou de renda estivesse disponível. E, contudo, milhões de pessoas, aliás, centenas de milhões de pessoas (também de acordo com o Banco Mundial) sobrevivem por muitos anos com essa renda, ou até menos. A definição não faz sentido.

Entretanto, não é muito difícil reconhecer a pobreza crônica absoluta quando você a vê, e também é óbvio que essa condição não é desejada nem desejável. As desvantagens da pobreza absoluta são tão óbvias que dificilmente necessitam ser enumeradas: menos tempo de vida, maior experiência de doenças físicas, dor e deficiências sem acesso a tratamentos ou assistência, trabalho ininterrupto e monótono apenas para sobreviver num nível baixo, insegurança e ansiedade quanto ao futuro, e daí por diante.

Parece haver pouca dúvida de que a proporção da humanidade que vive nesse tipo de pobreza diminuiu dramaticamente nos últimos 25 anos. O Banco Mundial sugere que ela caiu até pela metade. A queda ocorreu sobretudo na Índia e na China. A África é uma exceção.

A África, portanto, é o foco atual do sentimentalismo a respeito da pobreza. Há muito tempo é assim: Dickens satirizou isso em Bleak House [*A Casa Abandonada*], em que a Sra. Jellyby, de tão preocupada com a formação dos nativos de Borrioboola-Gha, na margem esquerda do Níger, negligencia por completo seus próprios filhos.

Isso captura com precisão a postura de Gordon Brown, nosso primeiro-ministro anterior. Homem normalmente não dado a excessos de autopromoção, diversas vezes cuidou para que fosse fotografado em viagens à África com crianças locais. Ele declarou que era seu objetivo garantir que todas as crianças do continente tivessem ao menos o ensino primário, sem aparentemente captar a ironia disso. Ele era o líder de um país com um histórico amplamente vergonhoso no que diz respeito ao bem-estar das crianças.

Ainda que não se promovesse da maneira óbvia e vulgar de seu antecessor, ele, ainda assim, é um político, e um político que de tempos em tempos precisa sujeitar-se a eleições.[3] Portanto, ele há de ter compreendido que suas posturas na África teriam tido apelo perante um círculo mais amplo de eleitores, que parte significativa da população já era igual à Sra. Jellyby. Com essas poses, ele obteria a reputação de bom homem entre eles, de alguém que *se importava*, porque no mundo moderno um homem bom é um homem que tem opiniões corretas e que enuncia sentimentos impecáveis, sendo sua conduta efetiva consideravelmente menos importante. E quem poderia ser contra uma melhoria nas condições de vida das crianças africanas?[4]

---

[3] A União Europeia, obviamente, é um meio pelo qual políticos de certa idade podem manter sua importância pelo resto da vida sem se submeterem às humilhações, inconveniências e tédio das eleições.

[4] Na entrada que fez em seu diário em 28 de julho de 1986, o esnobe estético britânico James Lees-Milne ventilou sua irritação diante do espetáculo de *estrelas pop* fazendo shows, sob o codinome de Band Aid, para ajudar as vítimas de uma fome na África. Ele escreveu: "Band Aid, a cruzada para ajudar africanos mortos

O grande economista desenvolvimentista Peter Bauer apontou há muito tempo os riscos de se usarem termos como "assistência", que impediam o debate sobre seus pressupostos, porque as conotações dos termos eram tão positivas que ninguém, exceto os extremamente perversos, poderiam hesitar ou discordar.

Analisemos por um instante os pressupostos do desejo do Sr. Brown de levar o ensino às crianças da África. Alguns deles, ou até todos, podem estar certos, mas também pode ser que alguns ou todos estejam errados.

Na perspectiva dele, o baixo nível da educação na África inibe o crescimento econômico. A África é pobre porque as pessoas são ignorantes e iletradas. Acabe com a ignorância e ensine-as a ler, *à la* Sra. Jellyby, e tudo ficará bem, ou pelo menos muito melhor.

Mas será mesmo? Haverá mesmo qualquer correlação na África entre os níveis de educação e as taxas de crescimento econômico? E, mesmo que exista essa correlação, será que podemos ter certeza de que foi a educação que causou o crescimento, e não o crescimento que causou a educação? Ou será que, na verdade, não houve relação causal nenhuma?

Vivi alguns anos na Tanzânia, durante o governo de Julius Nyerere, seu primeiro presidente, muito admirado em certas plagas. Em comparação com muitos ditadores africanos da primeira geração, não há dúvida de que Nyerere tinha algumas virtudes importantes. Não era tribalista, favorecendo seu próprio grupo étnico à custa de todos os demais e, assim, criando antipatias étnicas ou agravando as que já existiam. Sem dúvida foi bom que não houvesse grupos étnicos numérica ou economicamente dominantes no país (mas isso não impediu que alguns ditadores, como, por exemplo,

---

de fome que pegam tudo e não dão nada, e que necessitam ser ceifados, não incentivados a multiplicar-se". Isso é autenticamente horrendo, em especial por ser muito sincero e intensamente sentido. O que as pessoas com fome poderiam dar em troca de um pouco de comida, o que podem eles dar efetivamente? Quem necessita exatamente ser ceifado, e por quais meios? Lees-Milne parece inteiramente alheio às consequências ignóbeis e perversas da aplicação dessas metáforas a populações humanas inteiras. Só porque o Band Aid era uma organização de hipócritas sentimentais que queriam se promover, isso não significa que a fome na África seja algo bom.

Samuel Doe, da Libéria, promovessem membros de sua própria minoria ética, colocando-os em posições de poder, causando, assim, tensões que terminaram em violência).[5] Ainda que ele não tivesse objeção a aprisionar grandes números de adversários até que não tivesse mais nenhum adversário, ele não era obviamente bizarro nem sanguinolento, como muitos de seus colegas. E, naquele contexto, não eram pequenas essas virtudes.

Infelizmente, porém, Nyerere foi tomado por uma visão de mundo não muito diferente daquela do Sr. Brown.[6] Também ele era um devoto da educação. As realizações de seu governo sob esse aspecto foram impressionantes: o nível de alfabetização em seu país melhorou rapidamente em seu governo, e provavelmente chegou ao nível da Grã-Bretanha. Se os níveis de alfabetização da Grã-Bretanha não eram impressionantes para um país desenvolvido, os da Tanzânia eram impressionantes para um país africano.

Infelizmente, essa melhoria nos níveis educacionais não contribuiu em nada para o desenvolvimento econômico. No governo de Nyerere, a Tanzânia foi ficando cada vez mais pobre, apesar de muitas vantagens naturais e de níveis de assistência internacional que, *per capita*, eram os mais altos da África. Nyerere destruiu a agricultura comercial expropriando em nome da justiça, ainda que entre os camponeses não houvesse qualquer fome de terras que desse uma justificação ao menos superficial para essa política; expulsou os mercadores indianos, tornando as condições muito difíceis ou mesmo impossíveis para eles; e colocou 70% dos camponeses à força em aldeias semicoletivistas, uma idiotice criminosa que mereceu hosanas de um certo gênero de terceiro-mundista. Tendo destruído o sistema de mercadores privados a partir dos argumentos (sentimentais) de que

---

[5] Doe era membro da tribo Krahn, que respondia por cerca de 3% da população da Libéria: mais ou menos a mesma proporção dos americanos-liberianos, cujo governo ele derrubou em nome da igualdade perante a lei.

[6] Como o Sr. Brown, ele estudou na Universidade de Edimburgo. A influência da Escócia e dos escoceses sobre os ditadores africanos talvez desse uma monografia interessante: Nyerere, Amin e, é claro, Sua Excelência, o Presidente Vitalício Ngwazi Dr. H. Kamuzu Banda (mesmo agora é difícil para mim pensar nele como apenas "Banda") vêm-me à mente.

eles exploravam os camponeses, porque pagavam pelo produto dos camponeses um valor menor do que aquele pelo qual o vendiam (o que mais se esperava que eles fizessem?), Nyerere destruiu todos os incentivos para que os camponeses produzissem qualquer coisa que não fosse para sua própria subsistência. Ele criou conselhos de compras estatais gerenciados e equipados por vastas burocracias para comprar as safras dos camponeses a preços decretados pelo governo numa moeda desvalorizada sem poder de compra – os camponeses chamavam o dinheiro de "Retratos de Nyerere". O resultado foi que, ainda que 90% da população vivesse no campo, o país nunca foi autossuficiente em alimentos, e muito menos em qualquer outra coisa. Essa lacuna foi preenchida pelos senhores Brown deste mundo. Eles pagaram por sua lamentável incompetência econômica.[7]

O alto nível de alfabetização não melhorou a situação econômica por duas razões, a primeira econômica e a segunda cultural. O custo econômico de aumentar a alfabetização foi considerável e usou recursos escassos; isso teria sido uma coisa boa, do ponto de vista econômico, apenas se fosse um fato que um alto nível educacional automaticamente resultasse em desenvolvimento econômico. Do contrário, esse investimento em educação é economicamente nocivo, por ser um desperdício.

Um alto nível educacional foi economicamente nocivo também por razões culturais. Um dos legados do colonialismo, na Tanzânia como no resto da África, era que o estudo era visto pelas pessoas como o meio pelo qual se poderia entrar para o serviço público, o qual, mesmo que pagasse pouco a olhos europeus, oferecia os confortos e a segurança de um trabalho de escritório, quando a única alternativa era trabalhar a terra com o suor do próprio rosto e sem qualquer garantia de retorno. Era essa a principal e, muitas vezes, a única razão pela qual a educação era tão altamente valorizada.

---

[7] Não foi, porém, politicamente incompetente. Um país extremamente pobre é um país em que é fácil conferir privilégios econômicos a uma pequena elite política, que então fica em dívida com a liderança. Num certo sentido, para citar Lênin, quanto pior, melhor. Não é possível descrever como incompetente *tout court* um homem que permaneça no poder por mais de um quarto de século e morra na cama.

Com a independência, aumentaram muito as oportunidades não apenas para o progresso na hierarquia burocrática, mas também para o peculato. Na Tanzânia, permanecer um mero produtor da terra tornou-se sinal de fracasso acadêmico e até de burrice. Qualquer jovem com uma mínima capacidade conseguia um trabalho no governo ou um trabalho pago pelo governo. Chegar a uma posição na hierarquia a partir da qual fosse possível obstruir os esforços de outras pessoas, exceto quando subornado, era, portanto, o objetivo de quase toda pessoa com estudo. Uma vez que você estivesse "na cadeira", a sua fortuna, relativamente falando, estava feita.[8]

Segue-se daí que aumentar o número de pessoas com instrução não é necessariamente desejável desde um ponto de vista econômico. Pelo contrário, isso significa que um excedente econômico maior precisa ser extraído de uma base econômica menor, porque é preciso encontrar posições no governo para as pessoas com instrução.[9]

---

[8] Num livretinho em minha posse, impresso em Onitsha, na Nigéria (outrora o centro da indústria de livretinhos nigeriana), o autor diz que não é possível ficar rico sem fazer esforço. O exemplo que ele dá é que é impossível ganhar na loteria sem fazer o esforço de comprar um bilhete.

[9] Não é só na África que isso é um problema. As guerrilhas revolucionárias da América Latina foram produto não do desespero camponês, mas da expansão do ensino terciário para além da capacidade da economia de absorver seus produtos. O pior de todos esses grupos guerrilheiros, o Sendero Luminoso, do Peru, que sem dúvida teria cometido atrocidades iguais às de Pol Pot e do Khmer Vermelho caso não tivesse sido derrotado na hora certa, foi na verdade iniciado no *campus* da Universidade de Ayacucho por um professor de filosofia que tinha redigido sua tese sobre Kant. Na Grã-Bretanha, não por acidente, como costumavam dizer os marxistas, a burocracia aumentou *pari passu* com a expansão da educação terciária, normalmente em assuntos sem valor profissional e muitas vezes de quase nenhum valor intelectual. Algo precisa ser feito com todos os formados para que eles não se transformem em profissionais frustrados. Em seu último livro, a autora de romances policiais P. D. James chama atenção para o paradoxo, ou absurdo, de que o governo britânico pretenda mandar para a universidade 50% da população que está saindo da escola, ao mesmo tempo que 40% dessa mesma população mal consegue ler. Claro que alongar as carreiras educacionais e fazer as pessoas pagarem por elas é um modo de fazer com que os jovens financiem seu próprio desemprego.

Claro que quando um governo, como o de Nyerere, investe em políticas cujo objetivo é extinguir todas as camadas da sociedade entre os camponeses e o governo, porque elas seriam intrinsecamente exploradoras (ao passo que o governo age no interesse comum), os péssimos resultados da educação tornam-se ainda piores.

A Guiné Equatorial fica do outro lado do continente. Ela foi a única colônia espanhola na África negra e, na época de sua independência, em 1968, ela era um dos países de maior riqueza *per capita* do continente. Mais relevante para o que estamos dizendo, ela tinha um nível de alfabetização maior do que o da própria metrópole, que ainda estava sob o governo do Generalíssimo. Sob pressão da ONU, foi eleito o primeiro presidente, Macías Nguema.

Será que o alto nível de instrução fez com que tudo fluísse bem para a Guiné Equatorial? Infelizmente, não. Macías Nguema revelou-se um maníaco paranoico. Com menos estudo do que muitos de seus compatriotas, ele era um tanto sensível nesse ponto. Ao fim de seu governo, onze anos depois, quando um terço da população tinha sido assassinada ou fugido do país, era perigoso possuir uma só página de material impresso, e as pessoas que usavam óculos tinham sido eliminadas, por serem intelectuais e, portanto, potencialmente subversivas, gente que zombaria do governo do Milagre Único, para usar o título que ele conferiu a si mesmo.

Entre os milagres realizados pelo Milagre Único esteve um colapso total da produção, apesar (ou será por causa?) da reintrodução do trabalho forçado na Guiné Equatorial. Na época em que ele saiu do poder, executado por seu sobrinho, que até hoje é presidente, a produção do cacau, principal artigo de exportação do país, tinha caído 95%. A eletricidade tinha se tornado uma distante lembrança, e o tesouro nacional ficava guardado debaixo do colchão do presidente.

É comum censurar o colonialismo belga porque, à época da independência do Congo, em 1960, havia apenas cerca de uma dúzia de congoleses com diploma universitário. Mas hoje, que eles existem aos milhares, não se pode dizer que as coisas estejam muito melhor; e o destino de Serra Leoa, com um longo histórico de esforço e de realização educacional, não fortalece a fé de ninguém no papel da educação como força motriz do desenvolvimento econômico.

Contudo, restam dois argumentos que podem salvar o dia para a educação. O primeiro é que ela é em si um bem. Ensinar analfabetos a ler, por exemplo, dá o acesso potencial a muitas coisas que de outro modo não estariam disponíveis para eles.

Isso ignora o fato de que os regimes que demonstram entusiasmo pela alfabetização também costumam demonstrar entusiasmo pela censura e por garantir que todos tenham as mesmas ideias, ou, ao menos, que as expressem. No mundo moderno, a alfabetização foi tanto o instrumento da ditadura quanto a liberdade.

De todo modo, o argumento de que a educação é por si só um bem é muito diferente do argumento de que a educação leva a uma redução na pobreza, que foi o argumento usado pelo Sr. Brown para ganhar a fama de "se importar" profundamente com o destino da África, e de ser, portanto, um homem compassivo – e a compaixão é medida pela quantidade de dinheiro alheio que você está preparado para gastar na suposta resolução de um problema social.

Há mais um argumento possível em favor da educação como motor do desenvolvimento econômico africano. Admitindo, é claro, que a educação não é condição suficiente para esse desenvolvimento, talvez ela seja uma condição necessária. Aqui, dois exemplos são instrutivos: o da Índia e o da Irlanda. Esses dois países por muito tempo adotaram políticas que eram inimigas do desenvolvimento econômico, a primeira sendo um socialismo gandhiano aviltado, e a segunda, um nacionalismo que valorizava a autarquia e a autossuficiência acima de tudo. Porém, os dois países investiram pesadamente em educação e, assim, quando finalmente adotaram políticas econômicas que promoviam o crescimento, estavam em excelente posição para tirar vantagem delas.

Sem dúvida há algo aí, mas é preciso fazer diversos esclarecimentos. O primeiro é que os dois países já estavam em níveis de desenvolvimento bem diferentes dos da maioria dos países africanos, no sentido de que eles já possuíam instituições educacionais altamente sofisticadas, e – no caso da Índia – indústrias. Portanto, os casos não são estritamente comparáveis. Segundo, os esforços educacionais desses países foram nativos, o que significa que eles não demandaram financiamentos externos de fados-padrinhos como o Sr. Brown (e a renda *per capita* da Índia não era maior do que a da África subsaariana). Terceiro, e mais importante de tudo, Peter Bauer mostrou, em seus estudos de camponeses da África ocidental e da Malásia que, embora eles não tivessem qualquer instrução, eram capazes de responder a incentivos econômicos e, por menos estudo que tivessem, eram perfeitamente capazes de tomar decisões sensatas a respeito de investimentos e de poupança. Em outras palavras, a razão pela qual os camponeses que plantavam café na Tanzânia arrancaram suas mudas e decidiram plantar milho e outras coisas para si próprios não era porque eles eram burros ou analfabetos nem porque ignoravam seus interesses, mas porque sabiam que, se continuassem a plantar café em sua terra, seriam pagos (se é que seriam, realmente) em dinheiro que não serviria para comprar nada e passariam fome.

Em outras palavras, uma consideração das evidências sugere que uma população instruída não é nem necessária nem suficiente para o desenvolvimento econômico da África, ao menos nesse momento. O que é necessário é oportunidade, acesso a mercados, e a educação, seja primária, secundária ou terciária, não substitui isso. É verdade que, num estágio posterior de desenvolvimento, uma população mais bem instruída e treinada se tornará necessária: mas não há razão para supor que uma sociedade em desenvolvimento não pode adaptar seu sistema educacional a suas necessidades. Nas circunstâncias africanas, uma população instruída deveria ser a consequência, não a causa do desenvolvimento.

Só porque um homem é sério a ponto de parecer severo, isso não significa que ele seja incapaz de sentimentalismo. Na verdade, essa severidade mesma pode ser causada por seu sentimentalismo, ou ser uma manifestação dele. Ele enxerga a miséria por toda parte e acredita que sua principal causa é a injustiça, e que é de sua inteira responsabilidade corrigi-la; todas as demais atividades, inclusive as prazerosas, e especialmente essas, são consideradas moralmente frívolas até que não exista mais injustiça.

Porém, há muitas coisas repelentes, e também absurdas, nessa atitude. Ela é circunspecta sem ser séria. Ela, é claro, é grosseiramente sentimental, por envolver o fingimento de uma preocupação profunda e igual por milhões e até por bilhões de pessoas, não importando o quão distantes elas estejam. É uma mistura de hipocrisia, grandiosidade e condescendência. Hipocrisia porque, assim que for conveniente, essa atitude vai desaparecer como o rubor de uma uva desaparece ao toque; grandiosidade pelo pressuposto de que há poderes redentores ao alcance; e condescendência por supor que os supostos beneficiários da generosidade são incapazes de melhorar suas vidas por seus próprios esforços.

Numa famosa passagem de sua *Teoria dos Sentimentos Morais*, Adam Smith, que sob nenhum aspecto é o apóstolo do puro egoísmo que às vezes se julga que ele seja, chama nossa atenção para certas realidades humanas:

> Suponhamos que o grande império da China, com suas miríades de habitantes, fosse subitamente engolido por um terremoto, e consideremos como um homem bondoso na Europa, que não tivesse nenhum tipo de laço com aquela parte do mundo, seria afetado ao ter notícia dessa horrenda calamidade. Ele iria, imagino eu, em primeiro lugar, manifestar muito fortemente sua tristeza pelo infortúnio daquele povo infeliz, faria muitas reflexões melancólicas sobre a precariedade da vida humana e sobre a vaidade de todos os labores do homem, que podem ser assim aniquilados numa só tacada. Talvez, ainda, caso fosse um homem de especulação, ele entrasse em muitos raciocínios a respeito dos efeitos que esse desastre poderia causar ao comércio da Europa, e aos negócios e empreitadas do mundo em geral. E quando toda essa sutil filosofia se acabasse, quando todos esses belos sentimentos humanos tivessem sido dignamente expressados uma vez, ele continuaria seus trabalhos ou seu lazer, repousaria ou se divertiria, com a mesma calma e tranquilidade, como se aquele acidente jamais tivesse acontecido. O mais frívolo acidente que lhe sucedesse ocasionaria um distúrbio mais real. Se ele fosse perder o dedo mindinho amanhã, não dormiria essa noite; mas, por nunca tê-los visto, ele roncaria com a mais profunda segurança sobre a ruína de cem milhões de seus semelhantes, e a destruição daquela

imensa multidão obviamente lhe parece um objeto menos interessante do que esse mísero infortúnio que é só seu.

Smith está aqui chamando nossa atenção, na prosa mais elegante, para um fato da psicologia humana: aquilo que nos afeta diretamente é inevitavelmente muito mais importante para nós do que aquilo que sucede a outras pessoas, não importando o quão numerosas elas sejam, a distância. Temos a prova da verdade do que ele diz todo dia quando lemos os jornais. Por exemplo, no dia em que escrevi as três páginas anteriores, fiquei sabendo que vintenas, talvez centenas de pessoas tenham sido mortas numa explosão num hotel no Paquistão. Lamentei o ocorrido, claro, e fiquei brevemente horrorizado com as imagens dos corpos sendo removidos das ruínas em chamas; mas isso não afetou o meu apetite do café da manhã e, menos ainda, o do almoço.

É verdade que Smith depois diz que um homem que, perdendo seu dedinho, pudesse evitar o desastre que sucederia aos 100 milhões e, no entanto, não faz isso em nome de seu interesse próprio seria considerado um monstro do egoísmo, e que os homens, dotados por natureza de uma simpatia por outros homens,[10] têm naturalmente interesse nos assuntos alheios que independem de sua própria vantagem. Mas é claro que o exemplo que ele dá, o de um homem sacrificando seu dedinho para evitar um terremoto na China, levanta a questão de se seria concebível que esse sacrifício fosse ou pudesse, efetivamente, ter aquele resultado. E essa questão tem de ser resolvida apelando-se à razão e às evidências, não ao sentimento. Não há intensidade de emoção que possa resolvê-la.

---

[10] Smith inicia seu livro com o seguinte parágrafo: *Por mais que se suponha que o homem é egoísta, há evidentemente alguns princípios em sua natureza que geram nele interesse pela fortuna alheia e tornam sua felicidade necessária para ele, ainda que ele nada tire disso além do prazer de vê-la. Desse gênero é a piedade ou a compaixão, a emoção que sentimos pela miséria alheia, quando a vemos, ou quando somos levados a imaginá-la de maneira muito vívida. Que muitas vezes fiquemos tristes com a tristeza alheia é um fato óbvio demais para necessitar de quaisquer exemplos que o provem; porque esse sentimento, como todas as demais paixões originais da natureza humana, não está, de modo algum, restrito aos virtuosos e compassivos, ainda que talvez eles o sintam com sensibilidade mais refinada. O maior rufião, o mais endurecido violador das leis da sociedade, não está inteiramente desprovido dele.*

Quando se trata do tipo de ajuda à África proposta pelo Sr. Brown e por outros como ele, então, a questão não é se seria desejável em abstrato que os africanos fossem menos propensos a doenças endêmicas e epidêmicas, mais instruídos e menos pobres do que são, mas, primeiro, se o Sr. Brown et al. têm qualquer responsabilidade moral de produzir esses fins desejados, e, segundo, se eles efetivamente têm a capacidade de fazê-lo. Todos sabem que o poder sem responsabilidade é ruim, mas raramente se repara que não pode existir responsabilidade sem poder.[11]

Raramente se repara que há, de fato, uma presunção moral extremamente forte contra o tipo de ajuda que os senhores Brown et al. propõem, isto é, que ela coage as pessoas que pagam por ela. Elas não têm escolha, exceto pagar impostos; e a coação é pior ainda porque elas têm a liberdade, caso decidam, de dar dinheiro para causas africanas. De fato, é altamente provável, considerando a maneira notoriamente ineficiente como os governos gastam dinheiro, que esses contribuintes individuais fariam um bem maior do que aquele feito pelas subvenções governamentais, porque seria mais provável que os contribuintes tivessem um interesse pessoal e direto em obter o máximo de benefícios por seu dinheiro. Isso, como veremos, não é o único problema com a assistência governamental.

Seria possível objetar que o Sr. Brown, enquanto chefe de um governo eleito, tinha o direito de taxar toda a população para dedicar-se a seus entusiasmos morais: afinal, ele era o chefe do partido eleito para governar.

Sobre o direito legal e constitucional não pode haver grande dúvida, mas isso não resolve a questão do direito moral. Primeiro, nas condições políticas modernas, os partidos são geralmente eleitos para o poder por uma minoria, às vezes uma pequena minoria, da população adulta. Não se pode presumir, portanto, que a maioria tenha dado seu consentimento a qualquer medida em particular. Segundo, o programa de qualquer partido é um amálgama de medidas e de políticas propostas; ao fazer uma escolha entre partidos, o eleitor toma uma visão geral. Sua escolha de um partido e não de outro não pode ser interpretada como sinal de aprovação ou de

---

[11] É verdade que você pode ser moralmente responsável por ter produzido uma situação irreparável. Mas essa é outra questão.

consentimento a cada proposta, incluindo as letrinhas miúdas – e a assistência à África, se é que chega a estar incluída no programa de um partido político, provavelmente não receberá muita consideração dos eleitores num país distante da África, e já com muitos problemas difíceis.

Terceiro, ainda que fosse verdade que a maior parte da população fosse fortemente a favor de seu governo ajudar a África, isso não justificaria a coação do resto da população. A maioria não tem soberania ilimitada sobre a propriedade de todos; e a eleição de um chefe de governo num país como o Reino Unido não é – nem deve ser – a eleição de um ditador *pro tempore*. Ao tirar dinheiro à força da população inteira para fazer boas obras, o Sr. Brown (e, para ser justo, nisso ele não difere de nenhum de seus predecessores) age como ditador, pura e simplesmente. Seu obstinado sentimentalismo o levou a supor que ele tinha o dever de salvar os africanos; e sua posição constitucional o levou a supor que ele tinha o direito de dispor do dinheiro de todos da maneira que considerava adequada. O sentimentalismo, então, é um sustentáculo, se não a origem, de sua tendência à coação: uma coação que, sem dúvida, é branda, além de perdida em mil outras pequenas coações, mas que nem por isso é menos coação.

Assim, deveria haver a presunção contra a assistência governamental (caso se aceite que a coação desnecessária é algo que deveria ser evitado). A única coisa que poderia justificar a coação nesse quesito é o governo ter um dever moral indubitável para com a África.

De onde poderia vir esse dever? Há duas origens possíveis, a primeira histórica e econômica, e a segunda de um princípio ético geral.

A origem histórica e econômica do dever vem da questão "de onde vem a pobreza da África?". *Prima facie*, essa questão é bem estranha, porque a pobreza é a condição natural do homem, e é a riqueza que sempre precisa ser explicada. Talvez a questão pudesse ser melhor expressa como "Por que a pobreza africana persiste, apesar do potencial de desenvolvimento?".

Duas respostas costumam ser favorecidas para responder essa questão, e ambas levam ao inescapável dever moral de um país como a Grã-Bretanha de dar assistência. A primeira é o tráfico de escravos do Atlântico, e a segunda é o sistema econômico mundial.

O tráfico de escravos não poderia ter acontecido sem ampla cooperação africana. Até a produção em massa de quinino antimalárico (o que só ocorreu muito depois de o tráfico de escravos ser proibido), os europeus eram incapazes de penetrar, em quaisquer números, o interior africano. A oferta de escravos tinha fontes exclusivamente africanas. Sem dúvida, os escravizadores europeus beneficiavam-se mais do comércio, economicamente falando, do que os escravizadores africanos; mas isso porque eles vinham de uma cultura intelectual e material infinitamente mais sofisticada. A diferença não era moral. Resta o fato de que, se não tivesse havido escravizadores africanos, não teria havido o tráfico do Atlântico, pelo menos não numa escala próxima daquela com que ele foi efetivamente realizado.

Muitas sociedades desenvolvidas passaram por catástrofes que, ainda que não sejam semelhantes à do tráfico de escravos, foram igualmente grandes, e, mesmo assim, recuperaram-se e atingiram um alto grau de prosperidade. Além disso, as imensas partes da África que não passaram pelo tráfico de escravos do Atlântico não se desenvolveram mais do que aquelas que passaram (ainda que algumas delas, é verdade, tenham passado pelo tráfico árabe de escravos).

Quanto ao colonialismo na África, não pode haver dúvida de que, especialmente nas primeiras fases de sua breve carreira, ele foi responsável por brutalidades e, às vezes, por devastações. Mas, na época em que acabou, seu registro (do ponto de vista do desenvolvimento econômico) era distintamente mais nuançado. Gana, em sua independência, por exemplo, tinha amplas reservas externas e um próspero setor de exportação. O país era mais rico *per capita* do que a Coreia do Sul. A dissipação quase imediata de sua riqueza não foi em nenhum sentido direto a consequência do colonialismo, ainda que se possa dizer que a mentalidade que produziu a dissipação tenha sido consequência do colonialismo. Porém, o argumento moral pela independência foi que a população e os líderes do país tinham o direito à autodeterminação porque não eram incapazes morais ou políticos. Sendo assim, eles, e não os colonialistas, foram responsáveis pelos desastres que subsequentemente lhes sucederam.

Ao avaliar os efeitos materiais de um processo histórico como o colonialismo, é necessário contrabalançar os danos feitos contra os possíveis benefícios recebidos (o atraso da África era tão grande que a roda e a escrita eram desconhecidas em vastas partes dela, e todo o transporte era realizado por meio de carregadores humanos ou de canoas). A especulação contrafactual – o que teria sido a África se não tivesse havido colonialismo – é... bem, extremamente especulativa. A avaliação é necessariamente muito complexa, mesmo sem levar em consideração fatos intangíveis como o dano cultural causado, e é provável que nunca se chegue a uma resposta definitiva.[12] Quanto à responsabilidade das pessoas que hoje estão vivas por uma era que acabou quase meio século atrás, essa questão é também complexa. Pode-se argumentar que, se sua prosperidade atual tivesse sido como que construída sobre a base do colonialismo, então eles devem alguma espécie de reparação à África, caso a pobreza africana atual fosse a consequência do colonialismo que deixou os europeus ricos. Mas o efeito geral do colonialismo africano sobre o desenvolvimento econômico europeu é, em si, matéria de disputa, quanto a ele ter enriquecido ou empobrecido. Ninguém em sã consciência sugeriria, caso ficasse claro que a África se beneficiou do colonialismo à custa da Europa, que os africanos devem qualquer coisa aos europeus.

A partir disso, nota-se que o sentimentalismo não é uma abordagem adequada do problema, e apelo nenhum a fotografias selecionadas de crianças africanas subnutridas substitui a reflexão.

O fato de que a assistência, palavra que por si às vezes dificulta a oposição (afinal, quem pode ser contra a ajuda aos necessitados?), tem a intenção de ajudar algumas das pessoas mais pobres do mundo também não é garantia suficiente de que ela realmente tenha esse efeito. A Tanzânia foi ficando cada vez mais pobre ao receber a maior alocação de assistência *per capita* do continente. As rendas de petróleo da Nigéria, análogas à assistência no sentido de que são dinheiro não conquistado que flui para o país desde fora, provavelmente tiveram um efeito geral negativo. Elas incentivaram a importação de alimentos em detrimento dos produtores agrícolas

---

[12] Ao contrário, por exemplo, de uma avaliação dos efeitos da ocupação nazista da Polônia, onde se pode discutir a quantidade precisa dos danos, mas não o fato de um dano colossal e avassalador.

locais, que ainda compõem a maioria da população; elas acirraram a competição política e étnica pelo poder, cujo grande prêmio é o controle das rendas do petróleo, a fonte avassaladora de dinheiro estrangeiro na Nigéria (assim como era a assistência na Tanzânia de Nyerere). Isso explica, aliás, por que aqueles países africanos extravagantemente dotados de recursos naturais não estão em situação melhor e, em muitos casos, estão piores do que aqueles países não dotados.

Os líderes africanos há muito tempo perceberam a verdade no dito do bispo alemão do século XVI: os pobres são uma mina de ouro. Como Carlos Antonio Lopez, presidente oitocentista do Paraguai, que amava tanto seu país que era dono de metade dele, os líderes africanos amam tanto os pobres que decidiram mantê-los na pobreza. Facilmente capazes de ficar com a parte do leão da assistência dada a seus países a partir do pretexto de que eles são pobres, as elites africanas perceberam que se pode ganhar dinheiro com a pobreza. E, assim, acontece que boa parte da assistência à África tem mais utilidade nos mercados imobiliários das capitais e balneários da Europa do que para os camponeses africanos. Trata-se, ainda, de uma forma de esmola para aqueles europeus que querem fazer o bem ao continente africano, mas à custa dos outros e, muitas vezes, com um bom salário e generosas ajudas de custo. Certamente não há um único caso de país africano melhorado pela assistência estrangeira, e aqueles países que tiveram bom crescimento econômico (o que não é exatamente a mesma coisa que a redução da pobreza, claro, mas uma precondição dela) recentemente não cresceram por causa dessa assistência.

Há evidências consideráveis de que a assistência estrangeira financiou guerras civis na África, ou, ao menos, a continuação delas.

Assim, a assistência não é nem suficiente nem necessária para que a África escape da pobreza. O que resta, então de sua suposta justificativa, defendida com tão severa compaixão pelo Sr. Brown?

Resta, creio, o universalismo moral singeriano, que é o sentimentalismo mais grosseiro, privado de toda a diversão. Peter Singer é um utilitarista estrito que acredita no cálculo hedônico: para agir eticamente, as ações devem ser calculadas para produzir o máximo de prazer e o mínimo de dor. Como todos devem ser contados igualmente, não importa de quem a dor é maximizada e de quem a dor é minimizada. Tendo de escolher entre agradar seu filho com um presentinho de que ele não precisa e salvar a visão de um garotinho com uma pomada antibiótica a oito mil milhas de distância, está claro o que o pai decente deve fazer. Ele deve ignorar o próprio filho.

Isso tudo é absurdo, psicológica, teórica e praticamente. Certamente, não há ninguém no mundo que não tenha nenhuma parcialidade pelas pessoas que conhece e de quem gosta em comparação com aqueles de quem não gosta ou que lhe são completamente desconhecidas. Além disso, se existisse essa pessoa, deveríamos considerá-la na, melhor das hipóteses, mentalmente doente, portadora de uma forma peculiar da síndrome de Asperger e, na pior, um monstro de desumanidade. Quem ignoraria uma pessoa ferida na rua, ou se recusaria a tratá-la, argumentando que o dinheiro gasto em salvar sua vida na verdade salvaria mais vidas caso fosse aplicado em outro lugar do mundo?

Não chega a ser uma observação nova que as pessoas que estão preocupadas com a humanidade em geral muitas vezes não estão preocupadas com as pessoas em particular. É famosa a frase de Rousseau de que ele conhecia a humanidade, mas não os homens; suas doutrinas sentimentais levaram muito rapidamente a um massacre ideológico. Lênin era um homem de amor ardente pela humanidade em geral, e de ódio por quase todas as manifestações individuais dela, com consequências que, a essa altura, já são suficientemente bem conhecidas.

Também não surpreende de todo que o professor Singer, que faz da benevolência universal a pedra angular de sua filosofia, termine defendendo, em bases éticas, o assassinato de números exorbitantes de seres humanos por serem infelizes demais ou cuja manutenção seja cara demais (é notório que sua prática venha sendo diferente). Um homem que fica famoso por defender direitos dos animais termina propondo políticas que, na Alemanha nazista, foram testes prévios para o Holocausto.[13]

Se é bastante fácil ter certeza das consequências benéficas de se ajudar uma velhinha a atravessar a rua, é bem mais difícil avaliar as consequências

---

[13] Goering era, na verdade, um grande antivivisseccionista, e existe uma caricatura em que todos os animais de laboratório libertados lhe fazem a saudação nazista.

benéficas de dar dinheiro para uma grande instituição de caridade, como, por exemplo, a Oxfam.[14] Quanto mais grandioso o alvo, menos certa é a mira.

Isso significa que nada é certo na política do Sr. Brown, mas o sentimentalismo por trás dela, uma combinação de condescendência (a presunção de que os africanos não podem, por conta própria – nem teoricamente – resolver seus próprios problemas), arrogância (a presunção de que o Sr. Brown tem um dever especial para com eles) e autoindulgência (o calorzinho que ele provavelmente sente ao saber que é um político cheio de compaixão, aliás, mais compassivo que você). Isso é frivolidade, mas sem diversão.

Isso faz lembrar o que Rousseau escreveu em *A Profissão de Fé do Vigário Saboiano*: "Se estou equivocado, estou sinceramente equivocado, e, portanto, meu erro não será considerado um crime". Não, nunca será considerado um crime, porque a coisa mais importante do mundo é o aconchego psicológico dos princípios a partir dos quais um homem diz agir.

---

[14] Ainda que não seja tão difícil. Boa parte do dinheiro será desperdiçada. A Oxfam Trading – que dirige lojas de caridade na Grã-Bretanha – consegue extrair um lucro de 17%, apesar de suas lojas pagarem impostos locais menores, de a maior parte da equipe ser composta de voluntários não remunerados e de todos os seus bens à venda não lhe custarem nada. Um dono de sebo me mostrou o quanto isso era uma desgraça. Seu lucro era idêntico, apesar de ter de pagar por seu estoque e de não dispor de impostos preferenciais. Uma pessoa que quisesse doar livros para uma instituição de caridade faria melhor se vendesse seus livros para um sebo comercial e desse diretamente o dinheiro recebido – algo entre um terço e metade do futuro preço de venda do sebo. Prover de bens à Oxfam é, portanto, primariamente sustentar os profissionais que a dirigem. Aliás, vale a pena observar também que o governo na Grã-Bretanha, sendo de longe o maior contribuinte das instituições de caridade mais importantes, tornou-as apêndices do Estado. A caridade na Grã-Bretanha tornou-se uma forma sub-reptícia de taxação.

Conclusão

> *"... um sentimentalista é simplesmente uma pessoa que deseja possuir o luxo de uma emoção sem pagar por ela."*
> Oscar Wilde

O sentimentalismo não faz mal quando confinado à esfera privada. Ninguém, certamente, é inteiramente imune a ter suas emoções manipuladas por uma história, uma foto ou uma música piegas. Mas, enquanto manancial da política pública, ou da reação pública a acontecimentos ou a problemas sociais, ele é tão desastroso quanto preponderante. Há muito sentimentalismo na ideia moderna de multiculturalismo, que supõe que todos os aspectos de todas as culturas são mutuamente compatíveis e podem coexistir com a mesma facilidade com que restaurantes de cozinhas variadas convivem no centro de uma cidade cosmopolita, simplesmente porque a humanidade é fundamentalmente, sempre e em todo lugar, movida por expressões de boa vontade ou suscetível a elas. O fato de que muitas sociedades multiculturais são permeadas de hostilidade, mesmo depois de centenas de anos, ou de que não é nem um pouco fácil conciliar ideias ocidentais de liberdade com a sentença de morte para apóstatas defendida por todas as quatro escolas sunitas de interpretação das leis, assim como com muitos outros preceitos da lei islâmica, foge à mente dos multiculturalistas como provavelmente fugiria uma enguia das mãos de alguém que quisesse agarrá-la. Se você perguntar a um multiculturalista o que, por exemplo, os somalis trouxeram a um país como a Grã-Bretanha *qua* somalis,[1] provavelmente ele ficará em silêncio. Dificilmente ele vai sugerir que é sua tradição política (que foi o que os fez fugir da Somália antes de tudo) que ele valoriza; ele não sabe nada de sua literatura, não sabe nem se ela existe; ele estará vagamente ciente de que a contribuição somali para a ciência moderna é nula; ele não examinou seus costumes, muitos dos quais ele provavelmente acharia repulsivos caso examinasse; ele provavelmente não conseguirá nem mesmo dizer o nome de um único prato somali tradicional, grau incomum de ignorância e de indiferença até para um multiculturalista. (O caminho para o coração de um multiculturalista definitivamente passa por seu estômago.)

E, no entanto, ele insistirá em dizer, quase com a certeza religiosa de quem aceita a teoria do aquecimento global por dióxido de carbono, que a presença de enclaves de somalis, mantendo sua própria cultura dentro desses enclaves, é, de maneira indisputável e por definição, um enriquecimento para a sociedade britânica, ou mesmo para qualquer sociedade ocidental, como se a melhor maneira de viver fosse dentro de uma exposição num vasto museu antropológico.

Nada disso pretende dar a entender que a chegada de imigrantes ou de estrangeiros não pode enriquecer enormemente a cultura que os recebe: o influxo de huguenotes ou de refugiados judeus austríacos e alemães para a Grã-Bretanha é um exemplo. E, sem dúvida, o influxo de estrangeiros de muitos países diferentes melhorou a qualidade da comida disponível na Grã-Bretanha, além de tudo que se pode imaginar. Mas é completamente diferente afirmar que a imigração em massa é um bem em si mesmo precisamente por causa da diversidade étnica e cultural que traz a um pequeno espaço, e porque a humanidade é uma família grande

---

[1] Os somalis enquanto indivíduos são uma questão completamente diversa. Sou um grande admirador da formidável Ayan Hirsi Ali, por exemplo, que, com certeza, é uma das pessoas mais corajosas do planeta, mas completamente desprovida de exibicionismo. Ela se importa com a verdade e se importa com a liberdade. Há menos dessas pessoas do que se supõe, ou do que se espera. É perfeitamente possível que haja muitos outros somalis da mesma estirpe dela.

e feliz. Esse tipo de ideia, ou melhor, de sentimento, é o tipo de sentimentalismo que uma bebida alcoólica traz à mente após um dia de trabalho duro: de que a vida é realmente boa afinal, de que todos os homens são irmãos, e que a situação – ainda que desastrosa – vai se resolver no final. Não é preciso dizer que isso não substitui a verdadeira reflexão.

Contudo, em inúmeras áreas, o sentimentalismo triunfou. Ele exerce uma perversa influência sobre as vidas de milhões de crianças, criando uma dialética de superindulgência e de abandono. Ele destruiu os padrões educacionais e trouxe inaudita instabilidade emocional por causa da teoria das relações humanas que abraçou. O sentimentalismo foi o precursor e o cúmplice da brutalidade sempre que as políticas sugeridas por ele foram postas em prática.[2] O culto do sentimento destrói a capacidade de pensar, e até a consciência de que é necessário pensar. Pascal tinha toda a razão quando disse:

> *Travaillons donc à bien penser. Voilá le principe de la morale.*

Esforcemo-nos, portanto, para pensar bem. Eis o princípio da moral.

---

[2] Isso pode até ter desempenhado um papel na gênese da crise de crédito de 2007/08. A Lei de Reinvestimento Comunitário [Community Reinvestment Act], de 1977, como aplicada no governo de William Clinton, exigia que os bancos emprestassem dinheiro para hipotecas a pessoas não a partir de seu bom crédito, mas a partir de sua etnia e de sua residência em bairros relativamente empobrecidos. Antes dessa exigência, a taxa de descumprimento de hipotecas era igual entre todos os grupos étnicos, isto é, os bancos estavam emprestando a todos os grupos étnicos segundo critérios creditícios objetivos. O crédito fácil levou, como não surpreende, ao descumprimento fácil. Uma fácil ideia sentimental foi forçada aos bancos. Não sou suficientemente especializado na área, porém, para saber que proporção da responsabilidade pelo crédito fácil pertence a ela.

Índice

A

Adams, Shona, 108
Adorno, Theodore, 9, 153
Ali, Ayan Hirsi, 198
Amin, Idi, 181
ap Rhys Pryce, Tom, 91, 94, 96, 98
Archer, Jeffrey, 120
Aristóteles, 70
Associação Nacional de Diretores de Escolas Primárias, 62
Australian, The, 118

B

Banco Mundial, 178-79
Banda, H. Kamuzu, 181
Band Aid, 179, 180
Bauer, Peter, 180, 186
Bérenger I, rei, 111
Bettelheim, Bruno, 168
Blair, Tony, 122, 127, 128
Blake, William, 10, 44
Braun, Eva, 86
Brown, Delano, 91
Brown, Gordon, 179
Buchan, John, 135
Bulger, Jamie, 101-02
Bunyan, John, 37

Burgos-Debray, Elisabeth, 145
Burke, Edmund, 50

C

Campbell, Bea, 80
Carty, Donnell, 91-94, 96
Ceauşescu, Nicolae, 144-45
Chamberlain, Azaria, 120-21
Chamberlain, Lindy, 114-15
Clinton, William, 199
Confúcio, 37, 61
Cook, H. Caldwell, 27
Coriolano, 125-26
Crips, 146
Crompton, Richmal, 13

D

Dahmer, Jeffrey, 42
Daily Mail, 118
Daily Mirror, 116-17
Darwin, Charles, 87
Defonseca, Misha, 140-42
De Gaulle, General Charles, 156
De Man, Paul, 144
Departamento de Assuntos Constitucionais, 100
De Wael, Ernest, 144

De Wael, Maurice, 144
De Wael, Monique, 140, 143
Dewey, John, 26, 36
Diana, Princesa, 121, 125, 127
Dickens, Charles, 28, 32, 145, 179
Doe, Samuel, 181
Downs, Donald Alexander, 167
Drabble, Margaret, 131
Duvert, Tony, 42

E
East, Dr. Norwood, 21, 47
Eastman, Adele, 91-92, 98, 103
Einstein, Albert, 63
Elizabeth II, rainha, 121-26, 151

F
Falconio, Peter, 117-18
Família real, 121
Forward, reverendo Toby, 150
Freud, Sigmund, 45, 142
Frey, James, 151, 169
Froebel, Friedrich, 27-28
Fundação Norte-americana para os Lobos, 142
Fundo Suíço para Vítimas do Holocausto em Necessidade, 139

G
Ganzfried, Daniel, 136
Gellately, Robert, 162
Gestapo, 141, 162
Ghandi, Mahatma, 185
Goering, Hermann, 194
Grabowski, Laura, 137-39
Gradgrind, Thomas, 32
Grant, Cecil, 26
Grosjean, Bruno, 136

Grosjean, Yvonne, 136
Grupo de Filhos Sobreviventes do Holocausto, 137
Guardian, The, 80, 118, 131
Guevara, Che, 110

H
Hamlet, 132
Harman, Harriet, 99
Harvey, Oliver, 113-14
Heaney, Seamus, 135
Hitler, Adolf, 36, 40, 87, 156
Hopkins, Gerard Manley, 133
Hughes, Ted, 135

I
Ibsen, Henrik, 40
Imperial College, 63
Ionesco, Eugene, 111

J
James, P. D., 183
Jellyby, Sra., 179-80
Johnson, Doutor Samuel, 175
Jones, Margaret B., 146-50

K
Kafka, Franz, 163
Kant, Immanuel, 183
Khan, Rahila, 150
Khmer Vermelho, 183
Kundera, Milan, 85

L
Lawrence, Evelyn, 27
Lawrence, Stephen, 157, 161-62
Lecter, Hannibal, 146
Lees, Joanna, 117-18, 120

Lees-Milne, James, 179-80
Le Figaro, 25
Leithen, Edward, 135-36
Le Monde, 42
Lênin, Vladimir, 182, 194
Levi, Primo, 154-55
Liechtenstein, Roy, 38
Livingstone, David, 78
Locke, John, 32
Lopez, Carlos Antonio, 193

M
Machler, Stefan, 138
Macmillan, Margaret, 36-37
Magnet, Myron, 87
Malcolm, Janet, 135
Malleson, Dr. Andrew, 165
Mann, Reinhard, 162
Martin, David, 98
McCann, Gerry, 113
McCann, Kate, 113
McCann, Madeleine, 107-13, 116-17
Meadow, professor Sir Roy, 140
Menchú, Rigoberta, 145
Mengele, Dr. Josef, 139
Milburn, Jackie, 127
Mills & Boon, 105
Ministério da Educação, 31
Montessori, Maria, 26, 36
Morrison, Blake, 102
Murdoch, Bradley John, 117-18
Murphy-O'Connor, arcebispo de Westminster, cardeal Cormac, 65, 69
Mussolini, Benito, 40

N
nazistas, 152-53, 168
Newlove, Garry, 103

Newlove, Helen, 103, 105-06
New York Times, The, 147, 149
Nguema, Macias, 184
Nilsen, Dennis, 95
NKVD, 162
Nyerere, Julius, 180-82, 184, 193

O
O'Hear, professor Anthony, 125
Oxfam Trading, 195

P
Pascal, Blaise, 199
Pequena Nell, 13, 75
Pestalozzi, Johann Heinrich, 26, 36
Pétain, marechal, 36, 156
Pinker, Harry, 34-37
Pinker, Roslyn, 35-36
Pinker, Steven, 33, 64
Platão, 37
Platell, Amanda, 114
Plath, Otto, 131
Plath, Sylvia, 54, 131, 133, 135, 156
Pot, Pol, 183

R
Rawls, professor John, 154
Rhys, Jean, 133
Robbia, Andrea della, 153
Romeu e Julieta, 84
Rousseau, Jean-Jacques, 10, 26, 36, 63, 75, 194-95
Russell, Bertrand, 152

S
Sapir, Edward, 37
Scarman, lorde Leslie, 157-58
Segal, Eric, 84

Seko, marechal Mobutu Sese, 151
Seltzer, Margaret, 147, 149-50
Sendero Luminoso, 183
Serviço de Promotoria da Coroa, 100
Shakespeare, William, 37, 84, 125, 126
Shaw, Bernard, 40
Sindicato Nacional de Professores, 28
Singer, Peter, 193-94
Sistema de Justiça Criminal, 100
Skimpole, Harold, 27
Smith, Adam, 187
Solomon, Robert C., 76-79, 81-83, 85-86
Southall, professor David, 140
Southey, Robert, 75
Squeers, Wackford, 28
Stálin, Joseph, 40, 174
Stanley, H. M., 78
Steiner, George, 135
Stoll, David, 145
Stratford, Laura, 37, 138
Street, Lucie, 23
Sun, The, 113
Swellings, Adam, 103

T
Thomas, Dylan, 74
Tolstói, Leon, 115
Twist, Oliver, 146

U
União Europeia, 110, 179
Unicef, 17
Universidade de Ayacucho, 183
Universidade de Edimburgo, 181
Universidade do Oregon, 149

V
Velázquez, Diego, 81
Violet Elizabeth, 13

W
Washington, George, 59
WH Smith, 53-54, 56
Wilberforce, William, 169
Wilcox-Bailey, Jacquelynne, 170
Wilde, Oscar, 13, 35, 197
Wilkomirski / Dosseker, Binjamin, 136-39, 144, 158
Wilson, Laurel Rose, 38, 138
Winfrey, Oprah, 151
Woolf, Virginia, 134
Wordsworth, William, 33

Do mesmo autor, leia também:

Criminalidade, drogas, violência doméstica, relacionamentos, educação e política são alguns assuntos de que trata Theodore Dalrymple. A partir da narrativa de casos concretos – a mulher que matou seu marido e agressor, o viciado em drogas que muda de tom quando fala com uma autoridade ou as brigas de gangue nas boates londrinas –, o autor denuncia o discurso que legitima estilos de vida nocivos à sociedade e aos próprios indivíduos.

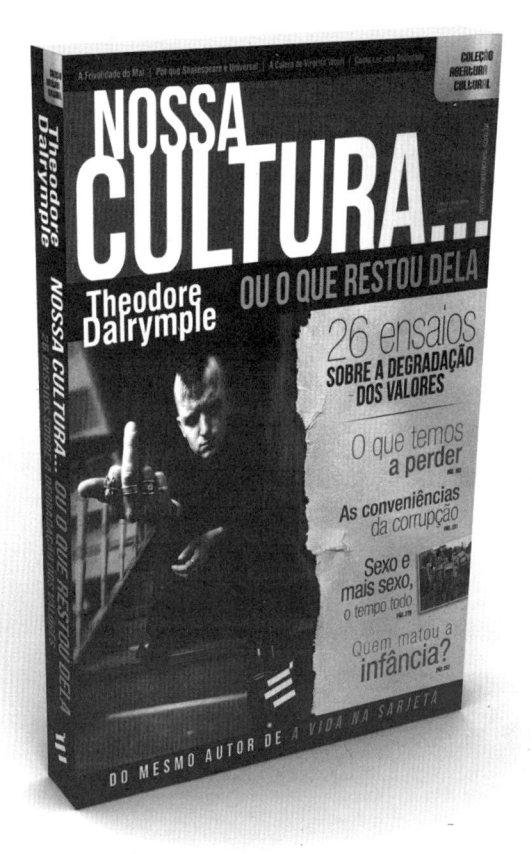

Quem são os formadores de opinião de hoje? Qual a relação entre a cultura pop e o estilo de vida dos jovens da periferia? Como a academia, o cinema, o jornalismo e a televisão têm influenciado os rumos de nossa sociedade? Theodore Dalrymple, com a lucidez que marca sua escrita, mostra como os "formadores de opinião" nem sempre estão certos do destino a que conduzem as massas.

Neste livro, Dalrymple não pede que abandonemos o racionalismo, pede apenas mais humildade de nossa parte e mais respeito aos preconceitos tradicionais. Como escreve o autor: "É necessário bom senso para saber quando um preconceito deve ou não ser abandonado". E bom senso é algo que tem sido esquecido na nossa luta contra os preconceitos ruins, que são deixados de lado junto com os bons.

facebook.com/erealizacoeseditora   twitter.com/erealizacoes   instagram.com/erealizacoes   youtube.com/editorae

issuu.com/editora_e   erealizacoes.com.br   atendimento@erealizacoes.com.br